História das sensibilidades

FUNDAÇÃO EDITORA DA UNESP

Presidente do Conselho Curador
Mário Sérgio Vasconcelos

Diretor-Presidente / Publisher
Jézio Hernani Bomfim Gutierre

Superintendente Administrativo e Financeiro
William de Souza Agostinho

Conselho Editorial Acadêmico
Luís Antônio Francisco de Souza
Marcelo dos Santos Pereira
Patricia Porchat Pereira da Silva Knudsen
Paulo Celso Moura
Ricardo D'Elia Matheus
Sandra Aparecida Ferreira
Tatiana Noronha de Souza
Trajano Sardenberg
Valéria dos Santos Guimarães

Editores-Adjuntos
Anderson Nobara
Leandro Rodrigues

ALAIN CORBIN
HERVÉ MAZUREL

História das sensibilidades

Tradução
Mariana Echalar

Título original: *Histoire des sensibilités*

© 2022 Presses Universitaires de France / Humensis

© 2024 Editora Unesp

Direitos de publicação reservados à:

Fundação Editora da Unesp (FEU)
Praça da Sé, 108
01001-900 – São Paulo – SP
Tel.: (0xx11) 3242-7171
Fax: (0xx11) 3242-7172
www.editoraunesp.com.br
www.livrariaunesp.com.br
atendimento.editora@unesp.br

Dados Internacionais de Catalogação na Publicação (CIP) de acordo com ISBD
Elaborado por Vagner Rodolfo da Silva – CRB-8/9410

C791h

Corbin, Alain
    História das sensibilidades / Alain Corbin, Hervé Mazurel; traduzido por Mariana Echalar. — São Paulo: Editora Unesp, 2024.

    Tradução de: *Histoire des sensibilités*
    Inclui bibliografia.
    ISBN: 978-65-5711-243-4

    1. História. 2. História geral. 3. Mundo sensível. 4. Artes. 5. Emoções. 6. História das emoções. 7. Antropologia. 8. História da antropologia. 9. Antropologia história. 10. Estética. 11. Sentidos. 12. Sentimentos. 13. Paixões. I. Mazurel, Hervé. II. Echalar, Mariana. II. Título.

2024-3409   CDD 900
                                                             CDU 94

Editora afiliada:

Asociación de Editoriales Universitarias de América Latina y el Caribe

Associação Brasileira de Editoras Universitárias

Sumário

Introdução: A investigação do sensível . 7
Hervé Mazurel

PERÍODOS

O poder das lágrimas: chorar na Antiguidade romana . 33
Sarah Rey

É necessário civilizar os bárbaros? Pensar e viver as emoções na Idade Média . 45
Damien Boquet

"Os barômetros da alma": fenômenos meteorológicos e sensibilidades do Iluminismo ao romantismo . 59
Anouchka Vasak

Escrever sobre a intimidade: o vínculo afetivo na correspondência conjugal durante a Primeira Guerra Mundial . 71
Clémentine Vidal-Naquet

PERSPECTIVAS

História, uma viagem no tempo: entrevista com Alain Corbin . 87

Controvérsias sobre a emoção: neurociências afetivas e história das emoções . 97
Thomas Dodman, Quentin Deluermoz e Hervé Mazurel

Bibliografia selecionada . 111

Os(as) autores(as) . 115

Introdução
A investigação do sensível

Hervé Mazurel

Durante muito tempo, a história das sensibilidades permaneceu restrita a uns poucos pioneiros. Por mais sedutora que seja, a investigação histórica da vida afetiva é incerta e difícil. Rechaçá-la, no entanto, é comprometer logo de partida essa viagem no tempo que é a história.

O perigo é o de nos projetarmos no passado tal como somos, atribuindo nossos desejos, nossas emoções, nossos sentimentos e outras fantasias às mulheres e aos homens de antigamente. Dando a entender que esses desejos e emoções são constantes através dos séculos, eliminamos a diferença dos tempos, a distância cultural que separa o passado do presente. Assim, a história das sensibilidades trabalha com o estudo das variações locais, sociais e históricas das percepções sensoriais, do agrado e do desagrado, da expressão das emoções e das formas de afeição. Ela tenta recuperar maneiras de sentir, modos de comover-se e afeiçoar-se, assim como formas de presença no mundo que hoje não existem mais. Sem isso, seríamos incapazes *in fine* de descrever essas maneiras diferentes de ser em si, nos outros, no mundo e num eventual além.

O segundo perigo é o de atribuir inconscientemente aos atores históricos (por um racionalismo intelectual herdado no Ocidente de uma longuíssima tradição de desvalorização tanto dos sentidos como da emoção) uma relação excessivamente ponderada e ponderadora com o mundo deles. Como escreveu Norbert Elias: "Toda pesquisa que vise apenas à consciência dos homens, sua *ratio* ou suas 'ideias', sem levar em consideração as estruturas pulsionais, a orientação e a morfologia das emoções e das paixões, fecha-se imediatamente num campo de fecundidade medíocre".[1]

Retomando a questão das relações entre corpo e mente, assim como a separação entre natureza e cultura, essa história possibilita ricos deslocamentos na articulação concreta das histórias singulares e das experiências coletivas. Um dos objetivos deste livro é mostrar, por exemplos históricos localizados, tudo o que esse saber indiciativo sobre as culturas sensíveis e os regimes afetivos do passado e do presente pode trazer para a compreensão das sociedades.

Genealogia(s)

Não se pode negar que a genealogia da história das sensibilidades revela-se muito mais rica e cheia de caprichos do que normalmente se imagina.

É costume datar seu nascimento do texto inaugural de Lucien Febvre, que em 1941 convidava a uma história da "vida afetiva e de suas manifestações":

---

[1] Norbert Elias, *La dynamique de l'Occident*, Paris: Calmann-Lévy, 2014 [1975], p.254.

A sensibilidade e a história: tema novo. Não tenho notícia de livro no qual ele seja tratado. Nem vejo os múltiplos problemas que ele envolve formulados em algum lugar. E, no entanto – perdoem a um pobre historiador o brado de artista –, e, no entanto, é um belo tema.

O ilustre historiador considerava a história dos afetos a arma mais segura para lutar contra o anacronismo psicológico, "o pior de todos, o mais insidioso, o mais grave", porque ela abria caminho para uma psicologia histórica verídica e altamente necessária: "Tantas pessoas partem e desaminam a cada passo: parece que não há mais nada a descobrir em mares já tão investigados. Que mergulhem nas profundezas da psicologia confrontada com a história: elas recuperarão o gosto pela investigação".[2]

O chamado de Febvre, no entanto, não teve eco imediato. Afora Robert Mandrou, poucos se arriscaram a responder.[3] A paisagem dos anos 1950 e 1960 na França era dominada pela história serial e quantitativa. Na esteira de Fernand Braudel e Ernest Labrousse, era o momento das grandes enquetes coletivas no campo da história social e econômica e da afirmação da cientificidade de uma disciplina preocupada com sua preeminência e a ascensão de outras ciências sociais – a antropologia estrutural à frente.

---

2 Ambas as citações são de Lucien Febvre, La sensibilité et l'histoire. Comment reconstituer la vie affective d'autrefois?, em *Combats pour l'histoire*, Paris: Armand Colin, 1992, p.231, 238.

3 Robert Mandrou, *Introduction à la France moderne (1500-1640): essai de psychologie historique*, Paris: Albin Michel, 1961.

Foi na sombra da história das mentalidades que finalmente esse projeto se afirmou. Sem muito alarde. Singularmente, nos passos de Philippe Ariès, Georges Duby, Jacques Le Goff, Alphonse Dupront, Jean Delumeau, Jean-Paul Aron ou ainda Jean-Louis Flandrin. Tentando reconstituir o clima mental de outras épocas, todos contribuíram à sua maneira para inscrever os fatos relativos à sensibilidade no método historiográfico. O aparecimento nos anos 1970 de uma história do corpo teve igualmente um papel decisivo. Julgue-se pela grande influência de Michel Foucault sobre a geração ascendente – em particular por *Vigiar e punir* (1975).

Temos em mente Arlette Farge. Pesquisando a rara fala dos humildes do passado, a historiadora sempre se recusou a considerar que a emoção que se sente em contato com o arquivo seja um obstáculo. Ao contrário, ela sempre soube fazer dessa agitação uma força de intelecção[4] para recuperar a experiência viva dos atores de antigamente. Daí sua capacidade inigualável de reconstituir os tormentos e os extravasamentos dos mundos populares do século XVIII.[5] Pensamos também na trajetória de Georges Vigarello, que, partindo de seus trabalhos sobre o corpo ereto, dedicou-se a descrever a afirmação do sentimento de si a partir da história dos sentidos e da percepção corporal, mas também a buscar na história longa das emoções a lenta construção do espaço psíquico na consciência ocidental.[6]

---

4 Ver Françoise Waquet, *Une histoire émotionnelle du savoir (XVIIᵉ-XXIᵉ siècle)*, Paris: Ed. CNRS, 2019.

5 Arlette Farge, *Effusions et tourments, les récits des corps: une histoire du peuple au XVIIIᵉ siècle*, Paris: Odile Jacob, 2007.

6 Georges Vigarello, *Le sentiment de soi: histoire de la perception du corps*, Paris: Seuil, 2014.

O impulso decisivo, no entanto, veio de Alain Corbin, que na virada dos anos 1990 iniciou um projeto explícito de história das sensibilidades. Mesclando-o mais com a antropologia do que com a psicologia, ele demonstrou livro após livro a historicidade dos sistemas de percepção, emoção e apreciação. Pesquisador incansável, estabeleceu um vasto espaço de investigações relativo à gênese histórica do nosso mundo sensível e às evoluções plurisseculares da configuração do desejado e do rejeitado, do atraente e do repulsivo, do agradável e do desagradável, do tolerável e do intolerável...[7]

Devemos tomar cuidado, no entanto, para não sonegar tudo o que esses grandes avanços historiográficos devem à potente sociologia histórica dos afetos desenvolvida por Norbert Elias em *O processo civilizador* (1939), um livro que só foi realmente acolhido e celebrado em meados dos anos 1970.[8] Há, nesse projeto contemporâneo ao de Febvre, algo como uma genealogia oculta da história das sensibilidades.

O que aflora no projeto de Elias é toda uma tradição em língua germânica acerca da qual Febvre não se estendeu, em pleno período de ocupação nazista. Obviamente Febvre não escondia sua afeição pelo famoso livro de Johan Huizinga, *O outono da Idade Média* (1919), que assinalava a "alma violenta e apaixonada" dos séculos XIV e XV e pintava o quadro de uma época de grande instabilidade emocional (*A sociedade feudal*, de Marc Bloch,

---

7 Alain Corbin, Le vertige des foisonnements: esquisse panoramique d'une histoire sans nom, *Revue d'Histoire Moderne et Contemporaine*, p.103-126, jan.-mar. 1992.

8 Norbert Elias, *Über den Prozess der Zivilisation*, Berlin: Surkhamp, 2010 [1939].

também faz eco ao livro de Huizinga). De Huizinga, tanto Elias como Febvre extraíram uma leitura da história longa do Ocidente em termos de racionalização lenta dos comportamentos e controle crescente das emoções espontâneas. Em contrapartida, Febvre se deteve pouco na figura de Jacob Burckhardt, que, no entanto, via a história como uma "ciência do *páthos*" e descreveu o desenvolvimento do indivíduo na Itália da Renascença, abrindo espaço para o estudo da inveja, da ambição, da raiva e do amor. Aliás, fazendo eco ao seu mestre basileense, Nietzsche, em 1886, interpelava os historiadores em *A gaia ciência*: "Até o momento, nada do que deu cor às coisas tem história: onde se encontrará, por exemplo, uma história do amor, da cobiça, da inveja, da consciência, da compaixão ou da crueldade?".

E ainda o surgimento da história das sensibilidades teria sido possível sem a grande mudança filosófica encarnada, ao longo do século XIX, pela tríade dos mestres da suspeita: Nietzsche, Marx e Freud? Porque foi ela que recuperou a dignidade filosófica do corpo sensível e ensinou a desemboscar do racional, do intemporal e do universal o papel histórico dos desejos, das pulsões dos apetites, o jogo social das emoções, dos interesses e de outras paixões.[9]

Na Alemanha, no lapso de cinquenta anos, toda uma nebulosa intelectual tentou pensar, sob o choque dessa ruptura filosófica, sobre a questão da afetividade nas fronteiras da psicologia, da sociologia e da história. Nessa rica constelação de pensadores: Georg Simmel e a "sociologia dos sentidos", Max

---

[9] Hervé Mazurel, De la psychologie des profondeurs à l'histoire des sensibilités: une généalogie intellectuelle, *Vingtième Siècle: Revue d'Histoire*, n.123, p.22-38, 2014.

Weber e o conceito de "racionalidade afetiva", Walter Benjamin e a "perda de aura das obras de arte" na era da reprodutibilidade técnica, Siegfried Kracauer e sua busca de *estrangement* no contato com o passado... e, é claro, Aby Warburg, que, na qualidade de psico-historiador da cultura e interessado nas *Pathosformeln* ("fórmulas de *páthos*"), soube delinear "uma grande história das paixões por meio desses veículos polimorfos que são os gestos e as imagens".[10]

A história das sensibilidades, como se vê, tem raízes em heranças intelectuais mais variadas e antigas do que se diz, todas preocupadas em reavaliar a parte dos afetos na determinação da conduta individual e na marcha das sociedades.

Sentidos, emoções, sentimentos e paixões

Fato é que essa história abrange um largo espectro que vai do estudo histórico dos sentidos, percepções e emoções ao estudo dos sentimentos e paixões, formas ditas superiores da sensibilidade.

Ainda poucas décadas atrás, eram raríssimos os que suspeitavam que nossos cinco sentidos eram influenciados pela história — se bem que o jovem Marx os considerava, com razão, o "produto de toda a história passada".[11] Ora, hoje ninguém duvida mais disso: nossos universos sensoriais variam conforme o tempo, o lugar e o meio social. Daí, para o(a) historiador(a),

---

10 Georges Didi-Huberman, Histoire et sensibilité: trois généalogies, em Quentin Deluermoz et al. (org.), *Sensibilités: Histoire, Critique et Sciences Sociales, Insensibilités*, n.11, p. 142-149, dez. 2022.

11 Karl Marx, *Manuscrits de 1844*, Paris: Éditions Sociales, 1972, p.91.

o plano de um imenso campo de pesquisa visando a reconstituir a evolução histórica dos modos de ver, ouvir, apalpar, cheirar e saborear. Aliás, somente essa travessia permite descrever "a configuração do que era sentido e do que não podia ser sentido numa sociedade, num dado tempo".[12]

Nossos sentidos, longe de ser passivos, agem como filtros por onde passam o caos incessante dos *stimuli* sensoriais e o jorro de impressões fugidias que vêm de fora,[13] a sensação sendo imediatamente absorvida na percepção.[14] "Não é, pois, o real que os homens percebem", conclui David Le Breton, "mas um mundo de significações."[15] Moldadas desde as primeiras socializações, aprimoradas ao longo da vida e escoradas nas possibilidades de uma língua, nossas percepções são o produto de uma história comum. É por isso que, de uma época, de uma cultura, de um meio social para outro, os seres humanos habitam mundos sensoriais diferentes.[16] Somente um esforço poderoso de imersão e imaginação permite reconstituí-los, adverte Alain Corbin na entrevista aqui publicada.

---

12 Alain Corbin, Histoire et anthropologie sensorielle, em *Le temps, le désir et l'horreur: essais sur le XIXe siècle*, Paris: Flammarion, 1998, p.228.
13 Ver especialmente Hervé Mazurel, *Kaspar l'obscur ou l'enfant de la nuit: essai d'histoire abyssale et d'anthropologie sensible*, Paris: La Découverte, 2020.
14 Christophe Granger, Le monde comme perception, *Vingtième Siècle: Revue d'Histoire*, n.123, 2014.
15 David Le Breton, *La saveur du monde: une anthropologie des sens*, Paris: Métaillé, 2006.
16 Constance Classen, *Worlds of Sense: Exploring the Senses in History and Across Cultures*, London: Routledge, 1993; David Howes, *Sensual Relations: Engaging the Senses in Cultural and Social Theory*, Ann Arbor: University of Michigan Press, 2003.

Para isso, impõe-se, em primeiro lugar, seguir a evolução da hierarquia dos sentidos. É difícil, por exemplo, imaginar aquelas épocas da história europeia em que a visão não havia ainda se destacado como o eixo privilegiado da nossa relação com o mundo. Os homens da Renascença, segundo Febvre, tinham uma relação de união com o mundo, mesclando plenamente a totalidade dos sentidos – relação sinestésica, deveríamos dizer.[17]

A balança dos sentidos também oscila, à medida que evoluem as intensidades térmicas, luminosas, cromáticas, olfativas ou acústicas. Anouchka Vasak investiga neste livro, no que respeita ao Iluminismo e à era romântica, a influência oculta dos fenômenos meteorológicos sobre o sentimento de si. Pense na maneira como a difusão da iluminação a gás nas cidades no século XIX mudou completamente a compreensão da vida noturna, agora menos ansiogênica que no passado, assim como os usos sociais das famosas "doze horas negras".[18]

Reconhecimento sutil também é o das modalidades variáveis de atenção às mensagens sensoriais. O surgimento da cultura de massa, por exemplo, reorganizou a partir dos anos 1860 as "técnicas de observação" relativas à decodificação dos espetáculos do mundo e aos limiares de atenção e inatenção com as coisas.[19] Já na virada do século XX, Georg Simmel reconheceu a brusca mudança de paisagem sonora que acompanhou o êxodo rural

---

17 Lucien Febvre, *Le problème de l'incroyance au XVIe siècle: la religion de Rabelais*, Paris: Albin Michel, 1988 [1942], p.394.
18 Simone Delattre, *Les douze heures noires: la nuit à Paris au XIXe siècle*, Paris: Albin Michel, 2000.
19 Jonathan Crary, *Techniques de l'observateur: vision et modernité au XIXe siècle*, Paris: Éditions du Dehors, 2016 [1998].

e a metropolização das sociedades europeias. O aumento dos sons da indústria, a repetição das agressões sonoras, a crescente inatenção com o badalar dos sinos, a diminuição dos ruídos habituais dos animais e das ferramentas tradicionais, mas também dos passos e das vozes, tudo isso afetou profundamente a economia sensorial e o ser psíquico dos citadinos.[20]

Acrescentemos, por fim, o imenso campo de pesquisa dos limiares de tolerância dos atores sociais. Sabemos da extrema importância da história da higiene, das ansiedades relacionadas aos miasmas e à sujeira, às representações do limpo e do sujo.[21] Pense também na longa história da "civilização dos odores",[22] na crescente obsessão pela desodorização do corpo e pelo aperfeiçoamento dos perfumes, no lento surgimento do silêncio olfativo que atualmente impera nas cidades.[23] Igualmente profunda é a história dos limiares de tolerância com a violência e sua exibição, tanto quanto com o derramamento de sangue humano ou animal. Do suplício público do regicida Damiens em 1757 à abolição da pena de morte em 1981, é toda uma história sensível da execução da pena capital que está sendo escrita hoje.[24] Assim como aquela que investiga a

---

20 Georg Simmel, *La sociologie des sens*, Paris: Payot, 2013 [1912].
21 Georges Vigarello, *Le propre et le sale: l'hygiène du corps depuis le Moyen Âge*, Paris: Seuil, 1985.
22 Robert Muchembled, *La civilisation des odeurs*, Paris: Les Belles Lettres, 2017.
23 Alain Corbin, *Le miasme et la jonquille: l'odorat et l'imaginaire social (XVIIIe-XIXe siècle)*, Paris: Flammarion, 1986.
24 Anne Carol, *Au pied de l'échafaud: une histoire sensible de l'exécution*, Paris: Belin, 2017; Emmanuel Taïeb, *La guillotine au secret: les exécutions publiques en France (1870-1939)*, Paris: Belin, 2001.

evolução das práticas de caça ou abate de animais nos matadouros e tem a ver com o aumento da intolerância com o sofrimento animal.[25]

De Simmel a Corbin, todos enfatizaram o papel decisivo da visão, da audição, do olfato e do tato nas interações sociais ordinárias e no "controle das impressões produzidas sobre o outro" (Erving Goffman). Nossos sentidos participam do modo como deciframos, recortamos e classificamos o mundo social. Na França do século XIX, por exemplo, havia uma questão legítima de distinção social no uso privilegiado dos chamados sentidos "nobres" (visão e audição) – senso de distância em relação ao corpo do outro e à materialidade do mundo –, ao passo que o uso primário dos chamados sentidos "de proximidade" (olfato e tato) denotava origem popular. Agrado e desagrado também fazem parte das estratégias de distinção.[26] Daí a necessidade de pensar em conjunto a construção social do sensível e a construção sensível do social.

Consideremos um instante as culturas visuais. Encontrar o "olho do Quattrocento",[27] como lembrou Michael Baxandall,

---

25 Christophe Traïni, *La cause animale (1820-1980): essai de sociologie historique*, Paris: PUF, 2011; Charles Stepanoff, *L'animal et la mort: chasses, modernité et crise du sauvage*, Paris: La Découverte, 2021.

26 Pierre Bourdieu, *La distinction: critique sociale du jugement*, Paris: Minuit, 1979.

27 Alusão ao título em francês do livro de Michael Baxandall, *L'oeil du Quattrocento: l'usage de la peinture dans l'Italie de Ia Renaissance*. Ed. bras.: *O olhar renascente: pintura e experiência social da Itália da Renascença*, Rio de Janeiro: Paz e Terra, 1991. Em *As regras da arte* (São Paulo: Companhia das Letras, 1992), Pierre Bourdieu também fala do "olho do Quattrocento". (N. T.)

é "renovar o nosso" e recuperar "as disposições visuais da época".[28] Foi o que Erwin Panofsky fez antes dele, mostrando que a perspectiva não é um fato da natureza, mas uma forma simbólica. Considere o modelo visual dos tempos modernos: certa maneira de captar o real por meio de um dispositivo de simulação capaz de reproduzir o espaço em três dimensões sobre a superfície da tela.[29] Quando Michel Pastoureau ensina que, na época medieval, o azul era uma cor quente, ou que a combinação de vermelho e verde era considerada pouco contrastante, ele mostra também que a cor, além de fenômeno físico e perceptivo, é uma construção da sociedade.[30] Não há, pois, uma verdade trans-histórica e transcultural da cor.

Dos modos de percepção, passemos ao teatro das emoções. Existe a crença de que as emoções são naturais, universais e invariantes: Darwin não ressaltou a continuidade manifesta entre a expressão das emoções nos animais e a nos homens? Nesse caso, elas estão ligadas às respostas inatas e naturais determinadas pelo organismo. Mas esquece-se que as emoções humanas são menos espontâneas que ritualmente organizadas, contagiantes e, portanto, sociais por natureza; elas são "essencialmente um simbolismo" (Marcel Mauss) e, por isso mesmo, "artefatos culturais" (Clifford Geertz). Por esse motivo é que certas emoções desaparecem ao longo do tempo, enquanto ou-

---

28 Michael Baxandall, *L'œil du Quattrocento*, Paris: Gallimard, 1985.
29 Erwin Panofsky, *La perspective comme forme symbolique et autres essais*, Paris: Minuit, 1976 [1932].
30 Michel Pastoureau, *Une histoire symbolique du Moyen Âge occidental*, Paris: Seuil, 2004.

tras surgem historicamente.³¹ Ou emoções desconhecidas para nós podem ser cultivadas noutros lugares.³² Dizer isso não é separar nossa vida psicoafetiva das propriedades antropológicas relacionadas ao nosso suporte biológico (do "cérebro das emoções" em especial), mas é contrapor-se às posições naturalistas que fazem pouco dos contextos sócio-históricos em que ela se manifesta e tem significado.³³

Percebe-se a vastidão do trabalho histórico que resta cumprir: investigar, além da variedade da linguagem que os designa,³⁴ todo o repertório cultural de gestos emotivos e atitudes afetivas de acordo com o tempo, a sociedade, o meio social e o gênero. Processo plenamente ilustrado aqui pela estudiosa da Antiguidade greco-romana Sarah Rey, que trata do "regime romano do choro", tão estranho para nós.

Contudo, entre a *history of emotions* anglo-saxã e a história das sensibilidades *à la française*, sem esquecer as pesquisas ativas conduzidas pelo Instituto Max-Planck de Berlim sobre as emoções do passado, os questionários são geralmente distintos, as discordâncias às vezes são profundas, ou marcadas por

---

31 Alain Corbin, Jean-Jacques Courtine e Georges Vigarello (org.), *Histoire des émotions*, Paris: Seuil, 2017, 3v.

32 Vinciane Desprest, *Ces émotions qui nous fabriquent: ethnopsychologie de l'authenticité*, Paris: Seuil, 2022 [2001].

33 Quentin Deluermoz, Thomas Dodman e Hervé Mazurel (org.), *Sensibilités: Histoire, Critique et Sciences Sociales*, Controverses sur l'émotion: neurosciences et sciences humaines, n.5, número especial, 2018.

34 Thomas Dixon, *From Passions to Emotions: The Creation of a Secular Psychological Category*, Cambridge: Cambridge University Press, 2003; Ute Frevert, *Emotional Lexicons: Continuity and Change in the Vocabulary of Feeling (1700-2000)*, Oxford: Oxford University Press, 2014.

simples diferenças de ênfase. Em cada país, há certa variedade de abordagens, como nos Estados Unidos. Além daquela de precursores como Peter Gay e Theodor Zeldin,[35] destacamos a de Peter e Carole Stearns, batizada *emotionology*, que coloca a ênfase no deslocamento histórico das normas emocionais dentro de uma sociedade. A partir de um conhecimento muito fino da psicologia e da antropologia das emoções, William Reddy apreende a linguagem de uma e outra em termos performativos, ao passo que a etno-historiadora Monique Scheer, inspirada na sociologia bourdieusiana do *habitus*, propõe a noção de "práticas emocionais" e rechaça toda forma de dualismo corpo/ espírito. A medievalista Barbara Rosenwein, de sua parte, desenvolve a noção de "comunidades emocionais" para mostrar que diferentes estilos de relação afetiva coabitam numa mesma sociedade e se sobrepõem às comunidades sociais (família, corporações, mosteiros, parlamentos...).[36]

Atento ao pluralismo e à evolução da linguagem medieval da emoção, Damien Boquet, em coautoria com Piroska Nagy, aborda o mito de uma Idade Média impulsiva, hipersensível e emotiva e nos ensina a vê-la como uma "idade de razão" – pois nela a razão é afetiva e o afeto é racional. Opondo-se a uma longa tradição, ambos convidam o leitor a desconfiar de certa concepção etnocêntrica da emoção "como força selvagem,

---

35 Peter Gay, *The Bourgeois Experience: Education of the Senses*, New York: Oxford University Press, 1984; Theodore Zeldin, *Histoire des passions françaises*, Paris: Seuil, 1980-1981.
36 Jan Plamper, The History of Emotions: An Interview with William Reddy, Barbara Rosenwein, Peter Stearns, *History and Theory*, v.49, n.2, p.237-265, 2010.

submetida ao trabalho civilizador da cultura e da história".³⁷ Embora tal descentramento seja essencial, devemos tomar cuidado para não negligenciar os potentes efeitos do real, portanto históricos, dessa luta de longo curso através dos séculos, pois a Antiguidade, assim como a Idade Média ocidental, não escaparam — longe disso — à desvalorização do sensível, em proveito do inteligível, nem ao apelo reiterado para situar as "emoções" sob o governo da "razão". Munido das conquistas da psicologia cognitiva sobre a inseparabilidade da emoção e da cognição, William Reddy se pergunta se a razão (no sentido de "ser razoável") não seria uma emoção de controle que, historicamente, afirmou seu domínio.³⁸

Descrever, como historiador(a), as metamorfoses da nossa vida emocional implica, a nosso ver, articulá-las à história longa do recalcamento das pulsões sexuais e da agressividade no mais íntimo dos seres e às revoluções dos nossos costumes corporais, os quais comandam os deslocamentos subterrâneos dos desejos, das interdições e dos tabus sociais através dos séculos,³⁹ assim como dos limiares do pudor e das fronteiras do íntimo.⁴⁰ Essa também é a lição de Norbert Elias: nossas economias afe-

---

37 Damien Boquet e Nagy Piroska, *Sensible Moyen Âge: une histoire des émotions dans l'Occident médiéval*, Paris: Seuil, 2015.
38 William Reddy, L'incontournable intentionnalité des affects. L'histoire des émotions et les neurosciences actuelles, em Quentin Deluermoz, Thomas Dodman e Hervé Mazurel (org.), op. cit., p.84-96.
39 Hervé Mazurel, *L'inconscient ou l'oubli de l'histoire: profondeurs, métamorphoses et révolutions de la vie affective*, Paris: La Découverte, 2021.
40 Cas Wouters, *Informalization: Manners and Emotions since 1890*, London: Sage, 2007.

tivas e nossas estruturas psíquicas se transformam em estreita conexão com as mutações das estruturas sociais e políticas.[41] Nossa vida emocional está presa a processos sócio-históricos de longa duração, como os processos de civilização, privatização, individualização ou ainda, como apontou Cas Wouters, "informalização da conduta" desde os anos 1960-1970.[42]

Entre outras transformações, citemos também aquelas que hoje, no Ocidente, acompanham a nova era compassiva inaugurada pelas redes sociais e o dilúvio midiático ininterrupto, contemporâneo de uma época, a nossa, que assiste ao desabrochar de um "capitalismo emocional",[43] capaz de transformar em mercadoria até as próprias paixões, sem esquecer o surgimento, num cenário de ascensão dos populismos, de uma forma de governo pelas emoções.[44]

Nesse caso, é pelo modo de presença no evento e no político que se consegue distinguir melhor a emoção do sentimento. Fala-se mais de "emoção" para descrever a efervescência de uma manifestação, a construção repentina de barricadas, a algazarra dos banhos de multidão presidenciais e dos funerais públicos,[45]

---

41 Norbert Elias, *Au-delà de Freud: sociologie, psychologie, psychanalyse*, Paris: La Découverte, 2011.

42 Cas Wouters, op. cit.

43 Eva Illouz, *Les sentiments du capitalisme*, Paris: Seuil, 2006.

44 Philippe Braud, *L'émotion en politique*, Paris: Presses de Sciences Po, 1996; Fréderic Lordon, *Les affects de la politique*, Paris: Seuil, 2016; Ludivine Bantigny, Déborah Cohen e Boris Gobille (org.), *Sensibilités: Histoire, Critique et Sciences Sociales*, La chair du politique, n.7, 2019.

45 Emmanuel Fureix, *La France des larmes: deuils politiques à l'âge du romantisme (1814-1840)*, Seyssel: Champ Vallon, 2009; Nicolas Mariot, *Bains de foule: les voyages présidentiels en province (1888-2002)*, Paris: Belin, 2006.

ao passo que o termo "sentimento" é reservado às lógicas de apego a figuras, causas ou partidos políticos, bem como a uma comunidade nacional ou religiosa. Enquanto a emoção denota algo breve, intenso e espontâneo, o sentimento aparece mais enraizado no tempo e mais acessível ao discurso.

Que se dedique a estudar a força do sentimento patriótico e das uniões sagradas em tempo de guerra, as formas de luto dos soldados ou o fervor religioso, os sentimentos de ódio e hostilidade entre beligerantes antes, durante e depois do conflito, toda uma historiografia tenta há trinta anos reconstituir a dinâmica dos afetos coletivos na guerra, sob o impulso notável de George L. Mosse, Stéphane Audoin-Rouzeau, Annette Becker e Bruno Cabanes.[46] O artigo que Clémentine Vidal-Naquet dedica aqui à história do vínculo conjugal e do sentimento amoroso na Primeira Guerra Mundial mostra toda a contribuição da história da intimidade à antropologia histórica da guerra moderna — um tipo de história que também tenta captar melhor a experiência sensorial dos combatentes no teatro de operações, assim como reconstituir as emoções que acompanham soldados e civis, de forma tão frequentemente paroxística, a violência presenciada, sofrida ou infligida, fonte de traumas psíquicos de longo curso.[47]

---

46 Entre outros: Stéphane Audoin-Rouzeau e Annette Becker, *14-18: retrouver la guerre*, Paris: Gallimard, 2000; Bruno Cabanes, *La victoire endeuillée: la sortie de guerre des soldats français (1918-1920)*, Paris: Seuil, 2004; George L. Mosse, *De la Grande Guerre au totalitarisme: la brutalisation des sociétés européennes*, Paris: Hachette, 2003.

47 Stéphane Audoin-Rouzeau, *Combattre: une anthropologie historique de la guerre moderne (XIXe-XXIe siècle)*, Paris: Seuil, 2008; Christian Ingrao, *Le soleil noir du paroxysme*, Paris: Odile Jacob, 2019.

Rica igualmente, como observou Pierre Laborie, é a contribuição da história das sensibilidades ao estudo das opiniões.[48] Quer se trate de descrever formas de apatia, anestesia e indiferença reprovável – o que Anne Vincent-Buffault denomina o "eclipse da sensibilidade" –, quer se trate, ao contrário, dos movimentos de compaixão, solidariedade e indignação com o destino de certos grupos ou povos diante de um evento trágico, próximo ou distante (guerra civil ou entre Estados, massacres, genocídios, catástrofes naturais). É importante situar, a cada vez, essas reações afetivas (de pena especialmente) na longa história do "sofrimento à distância" (Luc Boltanski), que em parte está ainda por escrever. Ela está ligada às mutações sócio-históricas das fronteiras do espaço moral e dos contornos políticos do inaceitável. Seguramente a atual ascensão da categoria de "vítima" na cena mundial e o surgimento do "império do trauma" participam desses novos patamares de sensibilidade.[49]

Dedicar-se à história dos afetos é aprender também a ver a psique como um campo da história coletiva. Exemplo: o lento declínio do papel moral que antigamente era atribuído à culpa nas nossas economias psíquicas, hoje marcadas pelo declínio do cristianismo. A culpa, explica Pierre-Henri Castel, foi substituída pela angústia, pela depressão e, mais ainda, pela vergo-

---

48 Pierre Laborie, *L'opinion française sous Vichy*, Paris: Seuil, 1990.
49 Luc Boltanski, *La souffrance à distance: morale humanitaire, médias et politique*, Paris: Métaillé, 1993; Didier Fassin e Patrice Bourdelais (org.), *Les constructions de l'intolérable: étude d'anthropologie et d'histoire sur les frontières de l'espace moral*, Paris: La Découverte, 2005; Didier Fassin e Richard Rechtman, *L'empire du traumatisme: enquête sur la condition de victime*, Paris: Flammarion, 2011.

nha, mediante uma profunda alteração na Europa da própria textura das nossas vivências psicopatológicas.[50] Quem deseja encontrar os conflitos interiores e as "neuroses" dos tempos mais antigos deve tomar cuidado com os equívocos da continuidade. Em *A tinta da melancolia*, Jean Starobinski mostra que os estados que são designados desde os gregos como "melancolia" não são idênticos.[51] Do mesmo modo que, no início do século XIX, "nostalgia", segundo Thomas Dodman, designava uma espécie de "saudade da terra natal" que matava às centenas os soldados das guerras napoleônicas e da conquista da Argélia.[52] Ute Frevert conseguiu mostrar que, apesar de sintomas similares, a acídia medieval, a melancolia moderna e a depressão contemporânea constituíam patologias distintas, inseparáveis de um contexto sócio-histórico específico.[53]

Métodos, fontes e perspectivas

Convidando a história, a sociologia, a antropologia, a psicologia e a psicanálise a não se murar em suas fronteiras, a história do sensível procura suplantar algumas das grandes separações que fazem obstáculo à pesquisa contemporânea —

---

50 Pierre-Henri Castel, Des "âmes scrupuleuses" à "la fin des coupables": obsessions et compulsions dans l'histoire, *PSN*, v.11, n.1, p.25-38, 2013.
51 Jean Starobinski, *L'encre de la mélancolie*, Paris: Seuil, 2012, p.15.
52 Thomas Dodman, *What Nostalgia Was: War, Empire and Time of a Deadly Emotion*, Chicago: Chicago University Press, 2018.
53 Ute Frevert, *Emotions in History: Lost and Found*, Berlin: Central European University Press, 2011.

especialmente a oposição razão/emoção.[54] Para evitar as armadilhas do dualismo e do pensamento disjuntivo, é importante que ela apreenda a tríade corpo-afetos-psique como um *continuum*. Trabalhando para relacionar melhor o psicoafetivo ao social-histórico, ela ataca também a oposição tradicional entre "sociedade" e "indivíduo". Mostrando como os indivíduos, no decorrer de sua socialização, no contexto familiar, escolar, religioso etc., incorporam o mundo social sob a forma de afetos socialmente disfarçados (injunções, ordens, condenações...).[55] Enfim, ela tenta refletir sobre a vida emocional "para além da natureza e da cultura", mostrando como, nela, o biológico e o social estão constantemente entrelaçados. Daí a importância que damos aqui, como fizeram Thomas Dodman e Quentin Deluermoz, ao difícil diálogo entre neurociências afetivas e história das emoções.

Longe de constituir um campo de estudos isolado, o estudo das sensibilidades possibilita uma nova travessia do social, do cultural, do político, do religioso, do econômico. Pois não há nada em nossa existência – nem na do *homo œconomicus* – que seja sem afeto. "As emoções", recorda Georges Didi-Huberman, "transformam a estrutura de tudo o que elas invadem." Em compensação, são diversos os fatores que comandam a evolução das culturas sensíveis e dos regimes afetivos: não só as mutações que afetam os sistemas de crenças e as convicções científicas, mas também os *savoir-faire* técnicos, as normas

---

54 Sobre essa questão, ver Quentin Deluermoz e Hervé Mazurel, L'histoire des sensibilités: un territoire-limite?, *Critical Hermeneutics*, v.3, n.1, 2020.

55 Pierre Bourdieu, *Méditations pascaliennes*, Paris: Seuil, 2003, p.204.

sociais de conduta, os tipos de vida ou ainda os códigos estéticos que comandam os sistemas de apreciação do mundo. Pense no papel histórico que a afirmação do Estado no período clássico e a monopolização estatal da violência legítima desempenharam na Europa: trabalhando por uma lenta pacificação das condutas, elas moldaram a economia afetiva dos indivíduos no sentido de um maior controle das pulsões e emoções; e as coerções sociais tornaram-se pouco a pouco autocoerções.

Isso não torna mais fácil a identificação dessas grandes flexões e inflexões da vida afetiva. A cronologia é indecisa; a datação é incerta. Discretos, os movimentos subterrâneos que afetam a sensibilidade são semelhantes àquelas revoluções silenciosas que progridem "a passo de pomba" e, subitamente, se deixam capturar no próprio arquivo, quando uma nova proibição é enunciada, um pudor desconhecido aparece, um escândalo se revela. Resta ao(à) historiador(a) trabalhar na lenta identificação de uma série de indícios concordantes que dê testemunho de nova sensibilidade.

Essa história inconsciente é frequentemente de oscilação ampla – essas mutações são separadas por largas, e mesmo larguíssimas, etapas. Essa cadência específica implica que se saiba trabalhar com amplas escalas de tempo. Sem isso, escrevendo uma história de visão curta, de tamanho proporcional a uma vida humana ou geração, torna-se difícil identificar esses processos sócio-históricos de longo curso que alteram profundamente o regime dos costumes e da vida sensível dos corpos.

Uma vez identificadas essas *trends* e suas flutuações mais notórias, nada impede investigações orientadas para um alvo específico e outras variações de escala. Alguns acontecimentos, sobretudo se são paroxísticos (crimes escabrosos, escândalos sexuais, massacres), são vias de acesso privilegiadas a esses movimentos profundos. Servem de reveladores culturais que assinalam, entre outras coisas, os deslocamentos das fronteiras do tolerável e do intolerável.[56] Nada impede também "pensar por casos",[57] estudando intensivamente a trajetória de um rito, de uma imagem ou de um indivíduo para tirar conclusões de mais amplo alcance. Daí a variedade de registros de investigação possíveis: um dispositivo afetivo, um acontecimento paroxístico, um caso psicológico...

Tudo pode servir de fonte. Desde que se saiba extrair do documento a verdade que o organiza e jamais se esqueça de que as fontes do(a) historiador(a) devem ser olhadas menos como vetores do que como objetos próprios, visto que elas falam de si mesmas antes de falar do mundo.[58]

O espectro é amplo: livros didáticos, tratados de *savoir--vivre* e manuais de higiene que atestem normas e interdições; literatura médica, sob todas as suas formas, que revelem o estado dos corpos e das almas; arquivos policiais, judiciais ou notariais que deem informações sobre as tensões afetivas que permeiam as questões familiares; *faits divers*, violências e crimes cotidianos que esclareçam melhor que outras fontes os códigos afetivos e morais que governam os mundos populares; é claro, os egodocumentos (diários íntimos, autobiografias, corres-

---

56 Ver Anne-Emmanuelle Demartini, *Violette Nozière, la fleur du mal: une histoire des années 1930*, Ceyzérieu: Champ Vallon, 2017.
57 Jean-Claude Passeron e Jacques Revel, *Penser par cas*. Paris: Ed. EHESS, col. Enquête, 2005.
58 Philippe Artières e Dominique Kalifa (org.), Histoire et archives de soi, *Sociétés et Représentations*, n.13, 2002.

pondências, memórias, apontamentos de viagem ou guerra...);
a imprensa e a literatura ficcional são preciosíssimas, na medida em que refletem e ao mesmo tempo moldam as sensibilidades, aliás, não menos do que o mundo das imagens (pinturas, ilustrações, caricaturas, fotografias, filmes...), que dão testemunho da história longa dos gestos emotivos e dos códigos culturais de expressão; por fim, os próprios objetos e toda a cultura material (roupas, adornos, utensílios...) são caminhos preciosos de acesso à cultura gestual, aos julgamentos de gostos e aos estilos de vida representativos de uma época.

Essa história, é claro, não se faz sem dificuldades metodológicas. Pois também é importante avaliar nas fontes o peso dos códigos narrativos, dos meios retóricos em uso e dos silêncios impostos. Salvo confusão com o não dito e o não sentido, tudo isso torna delicada às vezes a identificação do que surge, visto que o(a) historiador(a) não é sempre capaz de captar se a inovação detectada reflete uma transformação profunda da gama de emoções ou apenas uma invenção de novos modos retóricos. Se, como vemos, a história do sensível propõe um espaço de investigações das mais legítimas e possibilita uma leitura completamente diferente do social, apoiada numa abordagem relacional, compreensiva e construtivista, convém nunca perder de vista, no entanto, que ela continua sendo, antes de tudo, um modo de conhecimento indiciário, no sentido dado por Carlo Ginzburg,[59] e, para os(as) historiares(as), continua sendo uma espécie de *território limite*.

---

59 Carlo Ginzburg, Traces: racines d'un paradigme indiciaire, em *Mythes, emblèmes, traces: morphologie et histoire*, Paris: Verdier, 2010 [1986].

PERÍODOS

PROLOGUE

O poder das lágrimas: chorar na Antiguidade romana

Sarah Rey

Com uma mão no rosto para esconder as lágrimas, e enrolado num manto púrpura drapeado, Agamenon deixa que sua filha Ifigênia seja conduzida para o sacrifício. A cena é conhecida, e o pintor grego Timantes (século V-IV a.C.) foi quem melhor a representou. Essa obra foi comentada por ilustres autores latinos – entre outros, Cícero e Plínio, o Velho – que relataram o impasse no qual se encontrava o pintor, obrigado a representar a dor extrema, e a solução que ele resolveu adotar: dissimular a expressão do rei. Para saber com o que se parecia o quadro, temos de observar o afresco o que foi inspirado nele. Descoberto em Pompeia, na casa do poeta trágico, e datado do século I d.C., hoje esse afresco é conservado no Museu Arqueológico Nacional de Nápoles. Ele mostra por si só as dificuldades que encontra a história das maneiras de chorar dos romanos: percebe-se que, desde a Antiguidade, os primeiros e maiores prantos são os dos homens poderosos; descobre-se tudo o que os romanos devem aos gregos, até mesmo em termos de concepção e representação de seus próprios sentimentos; entende-se que as fontes antigas criam armadilhas singulares, uma a uma: a arte greco-romana evita as lágrimas em sua materialidade e prefere as posturas estereotipadas de lamentação e compadecimento, enquanto os textos nem sempre explicitam a forma adquirida pelo "ato lacrimal" em si.

Em Roma, o choro parece inevitável, tanto na República (509-527 a.C.) quanto na época imperial (27 a.C.-476 d.C.), onde os testemunhos são abundantes. Os historiadores, os biógrafos, os filósofos, os oradores mostram muitos homens chorando diante de seus concidadãos, de seus soldados, de seus rivais. Nenhum "gênero" literário se cala sobre esse pranto entrecortado de soluços e de dimensão política. Que, de sua parte, os poetas latinos também tenham se comprazido em lágrimas não nos surpreende, em particular os elegíacos (Catulo, Tibulo): os amores malogrados favorecem todo tipo de efusões, segundo uma tradição que se reinventou desde os gregos até a poesia moderna; não existe distância antropológica aqui. O que importa está alhures: nas inúmeras atestações de lágrimas vertidas *em público* e descritas como momentos decisivos da vida comunitária. O pranto era imposto por uma pluralidade de situações sociais: episódios de guerra, cerimônias religiosas, negociações diplomáticas, processos políticos, luto — discreto ou espalhafatoso — suscitavam rios de lágrimas.

Quando examinamos as fontes, vemos desenhar-se em torno do pranto romano toda uma história social e sensível que demorou a ser escrita. De fato, durante muito tempo, os estudiosos da Antiguidade greco-romana, cujas ambições científicas se definiram por etapas ao longo do século XIX, não levaram a sério essa emotividade desconcertante dos antigos. O latinista Edmond Courbaud resumiu a opinião geral quando disse a propósito de Tácito: "Por toda a parte demonstrações espalhafatosas, gestos patéticos, gritos, choros [...] E tudo isso nos choca pela falta de comedimento, muitas vezes pela falta de sinceridade; mas talvez isso não seja inventado".[1] A afetividade romana envolve problemas de compreensão elementar: como admitir que cônsules, senadores, imperadores, ditadores, legionários tenham chorado com tanta valentia?

Os helenistas estavam um passo à frente nessa história. Hélène Monsacré conseguiu mostrar, em *Larmes d'Achille* (1984), que os heróis homéricos estavam sempre aos prantos e que esses elãs de tristeza não manchavam sua imagem de grandes guerreiros. Quando se compadeciam de companheiros de armas mortos em combate, lamentavam-se com todo o corpo, às vezes rolando pelo chão, na areia ou na lama. Demonstravam dessa forma o reverso da força à qual estavam habituados na guerra. Esse extravasamento era plenamente justificado. Alguns séculos depois, porém, Platão mudou o tom, criticando Homero por ter descrito essas cenas lamentáveis: no plano educacional da cidade ideal apresentado nos livros II e III de *A república*, Sócrates não pretendia expurgar o texto homérico de todas as passagens em que a vulnerabilidade era exibida sem nenhuma moderação?

A pesquisa de Hélène Monsacré teve o duplo mérito de mostrar o caráter espantoso das sensibilidades antigas e a possibilidade de apontar suas mutações de acordo com a época. O caminho estava traçado para a investigação do uso que uma sociedade que devia quase tudo à Grécia – a sociedade romana – fez das lágrimas.

---

[1] Edmond Courbaud, *Les procédés d'art de Tacite dans les "Histoires"*, Paris: Hachette, 1918.

Uma sociedade chorosa

Os romanos encontravam mil ocasiões para chorar. Em primeiro lugar, nos ritos fúnebres, cujo cumprimento estava condicionado a um valor capital para eles: a *pietas*. Essa piedade era prestada primeiramente aos ancestrais, à família próxima ou ampliada, aos amigos. O *funus* romano exigia que o indivíduo demonstrasse profunda tristeza no dia do funeral, ainda que para isso tivesse de recorrer a carpideiras profissionais. Os documentos que provam esse recurso às lágrimas nos funerais e além deles (quando se visitava um túmulo, por exemplo) são de várias ordens. Existem numerosos epitáfios em versos, denominados *carmina* fúnebres, em que ora o defunto, ora as pessoas próximas dele toma a palavra. "Repetirei sempre, Flávia Nicopolis, teu bonito nome: quero que teus manes o ouçam. E oferecerei meu pranto, frequentemente, sobre teu túmulo", afirma um marido enlutado numa inscrição descoberta na via Nomentana, nos arredores de Roma. Toda inscrição similar era feita para ser lida em voz alta e fazia parte de uma oralização da memória que criava um vínculo indefectível entre os vivos e os mortos.

As lágrimas de luto eram uma questão complexa. Textos normativos proibiam certas formas paroxísticas de lamentação, especialmente algo parecido, talvez, com um grito penetrante (o *lessus*): manifestações que no século V a.C. passaram a ser da competência do legislador romano. O luto foi regulamentado. E certos discursos filosóficos não se privaram de apontar as atitudes adequadas e inadequadas em tais circunstâncias: em *Consolação a Apolônio*,[2] Plutarco (século I-II d.C.) estabelece

---

[2] Plutarco, Consolation à Appolonios, em *Œuvres morales. Traités 10-14*, Paris: Les Belles Lettres, 2003, t.II.

que "é verdadeiramente um sinal de caráter fraco e sem nobreza entregar-se ao luto [Θῆλυ γὰρ ὄντως καὶ ἀσθενὲς καὶ ἀγεννὲς τὸ πενθεῖν]; as mulheres são mais propensas que os homens, os bárbaros mais que os gregos, os homens vulgares mais que os homens superiores".

Se os ritos fúnebres eram normatizados a esse ponto e se a postura que devia acompanhá-los era objeto de tantos julgamentos morais, era para obedecer aos imperativos de uma religião amplamente conhecida, em que a afetividade ocupava um lugar determinante. Algumas cerimônias religiosas, como as *supplicationes*, podiam implicar cenas de lamentação coletiva, quando os romanos, em situação de crise, desejavam reconciliar-se com seus deuses. O pranto das matronas convocadas para tais procedimentos expiatórios tinha de ser breve, porque a *religio* repousava comumente sobre um sentimento de satisfação geral, de relação cordial entre os homens e os imortais. No campo religioso, as lágrimas tendiam sobretudo a causar preocupação nos romanos, especialmente se fossem observadas em estátuas cultuais, como em 181 a.C., quando uma efígie de Juno foi vista com uma lágrima no olho numa vila do Lácio, Lanuvio. Esse tipo de acontecimento era considerado um sinal assustador e as autoridades públicas tinham de tomar medidas para remediá-lo.

E como os cultos romanos eram eminentemente cívicos, as lágrimas escorriam imperceptivelmente do religioso para o político. Em 19 d.C., por exemplo, a "opinião pública" reprovou a enorme frieza que o imperador Tibério e sua mãe, Lívia, demonstraram diante da morte de um príncipe muito popular, Germânico. Não participando da tristeza coletiva, o imperador titular tornou-se odioso para o povo. Tácito insiste no caso e a atitude de Tibério torna-se elemento de acusação no processo que Tácito move contra ele. Contudo, muito antes da instauração do principado, houve lágrimas altamente políticas em Roma. Uma cena ocorrida em 146 a.C., relatada pelo historiador grego Políbio, é reveladora nesse sentido. Um *imperator* romano, Cipião Emiliano, teria chorado depois de ter promovido a destruição de Cartago. Políbio é testemunha ocular: foi dirigindo-se a ele que o general romano extravasou sua emoção. Podemos muito bem considerar que se trata de pura narrativa de "propaganda" para reabilitar o conquistador de suas violências – decerto há um pouco disso. Contudo, sustentar essa posição de desconfiança ou mesmo de hostilidade em relação às nossas fontes nos priva de certas chaves de compreensão. Na verdade, Cipião Emiliano demonstrava com suas lágrimas uma sensibilidade que ele acreditava possuir desde a juventude e um desejo de comportar-se à maneira de seus modelos gregos. Com certeza ele se recordava de ter lido em Homero que grandes homens podiam se compadecer de suas vítimas. Do mesmo modo, podia saber que, algumas décadas antes, um rei poderoso como Antíoco III chorara o destino de seu antigo inimigo, Aqueu. Sem sombra de dúvida, a postura pesarosa do romano diante da cidade destruída não era apenas encenação para limpar a própria barra.

Toda a vida política romana é pontuada por cenas desse tipo, em que os poderosos reservavam suas lágrimas como prova de clemência (*clementia*), demonstração de misericórdia (*misericordia*) ou último expediente. Tomemos outro exemplo: a travessia do Rubicão em 49 a.C. como Suetônio a conta em sua *Vida de César* (81, 4). Segundo o biógrafo, pouco depois de conduzir seus homens para a outra margem do riacho que eles não poderiam ter transposto, sob pena de infringir a lei, Júlio César teria feito um discurso absolutamente patético: César chegou a chorar diante dos soldados e rasgar a própria roupa. Também nesse caso, devemos tentar não menosprezar nosso informante: embora aprecie as anedotas pitorescas, Suetônio não tem o costume de inventar fatos do nada. A biografia de César, frequentemente favorável a ele, não camufla a realidade: o futuro ditador falou aos soldados quando o mal já estava feito, depois de terem atravessado o Rubicão, e a situação era suficientemente grave para que ele se dirigisse em tom dramático às tropas. Tudo merece crédito nesse episódio relatado por Suetônio. A arte oratória na qual César era treinado desde a juventude recomendava intercalar com lágrimas esse tipo de discurso.

Pois a retórica, nascida na Grécia e aclimatada a Roma, era uma disciplina fundamental para todo homem chamado a cumprir um papel na pólis. Ela ensinava a ser eloquente, isto é, a convencer pelas armas da argumentação. Mas também pelo sentimento, que em grego é denominado *páthos* e, em latim, *adfectus*. É em 149 a.C. que encontramos nos romanos, pela primeira vez, a prova de que as lágrimas serviam para se defender: Sulpício Galba, que havia provocado um massacre terrível na Espanha, teria conseguido evitar uma condenação chorando em seu discurso diante do Senado. Foi apenas o começo: as lágrimas nunca mais abandonaram as assembleias e os tribunais romanos. O representante mais perfeito dessa eloquência, deliberativa ou judicial, foi Cícero (106-43 a.C.), que acreditava que o orador devia "instruir, deleitar, emocionar" (*docere, delectare, mouere*). Respeitando a própria definição, ele não titubeava em chorar nas defesas que fazia no tribunal para transmitir melhor aos ouvintes a emoção que possibilitaria a absolvição de seus clientes. No *Pro Plancio* (76), o orador diferenciou três graus de efusão: a pequena lágrima (*lacrimula*), a lágrima propriamente dita (*lacrima*), a crise de choro irreprimível (*fletus*). Cícero tinha consciência de que era preciso ter prudência no emocionar-se e encontrar a dose certa: em resumo, jamais perder de vista que "nada seca mais rápido do que uma lágrima", como adverte o retor grego Apolônio. Os outros textos que serviram para formalizar a eloquência romana – a *Retórica a Herênio* e, no fim do século I d.C., a *Instituição oratória*, de Quintiliano – não se afastaram da linha emotiva: o orador podia chorar, mas no momento certo, isto é, na conclusão, na peroração, e sempre invocando uma causa superior.

Munidos dessas técnicas oratórias, os grandes imperadores derramavam lágrimas com conhecimento de causa. Dizia-se que Augusto chorou de alegria ao receber o título de "pai da pátria" (*pater patriae*) em II a.C., num momento de unanimidade política. E também que Vespasiano se afligia quando devia aplicar a pena capital. No fim das contas, apenas os príncipes medíocres eram incapazes de chorar pelas boas razões, o que Nero teria confirmado à sua própria custa. Segundo Tácito, a filha de uma figura importante, Lucius Antistius Vetus, defendeu diante desse imperador, com a mais apropriada emoção, a causa de seu pai, mas sem sucesso.[3] Era visível: os maus imperadores se lamuriavam no momento errado ou por si mesmos, não se dando conta de que muitos problemas políticos podiam ser resolvidos com uma simples troca de lágrimas.

---

3 Tácito, *Anais*, 16, 10, 5.

Lágrimas, um fato sensível total

O pranto, portanto, servia para tudo e a sociedade romana não podia prescindir dele. Encontrar repetições é compreender que a história das sensibilidades não pode se contentar com uma pesquisa lexicográfica. Com frequência os historiadores tomam um termo — que, nesse caso, poderia ser *misericordia* — para ter acesso ao que realmente aconteceu, para tentar se aproximar de uma verdade sensível que não existe mais. Por mais útil que seja, esse método, que se limita a seguir marcas terminológicas previamente definidas, não permite a reconstituição das formas de afetividade em sua complexidade. Fazer a história das sensibilidades é observar as fontes da maneira mais próxima possível, até o detalhe despercebido ou o não dito do texto. Para entender melhor do que se trata, vamos ler um texto latino do século I a.C. que a tradição conservou com o título de *Elogio fúnebre de uma matrona romana* (*Elogio de Túria*). Um homem faz uma oração fúnebre à sua querida esposa e, nessa ocasião, recorda que, por ele, ela suplicou clemência aos seus inimigos políticos, jogando-se aos pés deles. Esse gesto de súplica bastante comum era frequentemente acompanhado de pranto; o viúvo agradece a falecida por suas lágrimas, portanto, muito embora essa precisão não seja dada no texto. As lágrimas eram tão comuns que não precisavam ser mencionadas. Mas sucediam como uma peça indispensável para o bom desenvolvimento dessas cenas emotivas. A história das sensibilidades romanas nos convida a traçar os contornos dessas situações sociais, que são constantemente repetidas e necessitam de certos atores e afetos para ocorrer. E mesmo que tenha como objeto um passado longínquo, essa história do sensível não nos impede de recuperar as dimensões propriamente sensoriais que entravam em cena na época. As lágrimas romanas se associavam inevitavelmente à visão. Pense na frase de Sêneca extraída do tratado *Da tranquilidade da alma* (15, 6), quando ele critica a hipocrisia dos que choram nos funerais por pura convenção: "Quantos não derramam lágrimas apenas para que as pessoas as vejam correr e têm os olhos secos quando ninguém os está olhando". Diz a mesma coisa em *Da clemência* (2, 4): "Saiba que são olhos fracos que, vendo olhos doentes, lacrimejam também; e, do mesmo modo, é enfermidade, e não marca de alegria, rir-se sempre quando se vê o riso de alguém e, diante de todos os bocejos, abrir também a própria boca". A história do pranto é fisiologicamente uma história de olhos que, entrevendo-se, criam entre si uma espécie de empatia dos afetos.

Mas a dimensão visual não é tudo: é preciso associar a ela os eventos sonoros. O pranto romano é barulhento, quer se pareçam com gemidos abafados, quer com lamentações pungentes. Citemos uma carta de Plínio, o Jovem, que foi testemunha distante da erupção do Vesúvio, em 79 d.C. Ele descreve a fuga desvairada dos que viviam nas proximidades do vulcão e tentavam se salvar: "Ouviam-se os uivos das mulheres [*ululatus feminarum*], os pedidos de ajuda das crianças [*infantium quiritatus*], os clamores dos homens [*clamores uirorum*]". O autor separa as pessoas em fuga de acordo com o som que produziam, e vale a pena nos demorar na palavra escolhida por Plínio para caracterizar o pranto feminino: *ululatus*. Em latim, o *ululatus* pode ser animal ou humano: pode designar o grito dos homens e das mulheres, mas também o crocito das aves de rapina ou mesmo o uivo dos lobos e dos cães. Esse "ulular" das mulheres distinguia-se, no relato de Plínio, do lamento das crianças e dos "clamores" viris. Não é por acaso que as mulheres são mencionadas primeiro: quando os textos antigos começam a levar em conta o aspecto sonoro das lágrimas, as romanas ganham destaque, enquanto as fontes antigas que relatam cenas de choro dão primazia, na maior parte das vezes, aos homens.

Enfim, o último sentido atuante nessas histórias de lágrimas é o tato. O pranto romano era acompanhado de um gestual que ajudava a adivinhar aonde os chorosos queriam chegar. No episódio da destruição de Cartago, já mencionado, Cipião, enquanto chorava, teria pegado na mão de seu interlocutor, Políbio, para que este fosse testemunha de sua emoção: apertar as mãos, na Antiguidade romana, é uma demonstração de "boa-fé" (*fides*). Em outras circunstâncias, o corpo participa ainda mais: um bom número de súplicas acompanhadas de lágrimas exige que a pessoa se curve diante daquele a quem suplica e tente tocar seus joelhos, que são considerados a sede da misericórdia. Sob o principado de Tibério, o senador Quinto Hatério, em desespero, teria se jogado de tal forma aos pés do imperador que o derrubou no chão.

Os romanos choravam copiosamente, portanto, sem medo de parecer excessivos; dessa forma, conseguiam provar sua compaixão, convencer o auditório e resolver dificuldades. Esse regime romano durou séculos e passou por mudanças, primeiro com a adoção da retórica grega e depois com a instauração do regime imperial, que fez as súplicas lacrimosas serem dirigidas à pessoa do imperador. A última etapa foi ultrapassada pelos cristãos quando tentaram monopolizar as lágrimas. Habituados como sempre aos paradoxos, eles deram ênfase à necessidade de demonstrar tristeza por princípio, sem esperar retribuição imediata, e quiseram acreditar na felicidade do choro. As lágrimas atravessaram uma época. Começava uma outra história.

Referências bibliográficas

AMBAGLIO, Delfino. Il pianto dei potenti: rito, topos e storia. *Athenaeum*, n.73, p.359-372, 1985.

ERKER, Darja Šterbenc. Voix dangereuses et force des larmes: le deuil féminin dans la Rome antique. *Revue d'Histoire des Religions*, n.221, p.260-291, 2004.

FÖGEN, Thorsten (org.). *Tears in the Græco-Roman World*. Berlin: De Gruyter, 2009.

GUELFUCCI, Marie-Rose. Troie, Carthage et Rome: les larmes de Scipion. In: FARTZOFF, Michel et al. (org.). *Reconstruire Troie*: permanence et renaissances d'une cité emblématique. Besançon: Presses Universitaires de Besançon, 2005. p.407-424.

MONSACRÉ, Hélène. *Les larmes d'Achille*: le héros, la femme et la souffrance dans la poésie d'Homère. Paris: Albin Michel, 1984.

NAIDEN, Fred S. *Ancient supplication*. Oxford: Oxford University Press, 2006.

PERNOT, Laurent. *La rhétorique dans l'Antiquité*. Paris: Livre de Poche, 2000.

PIROSKA, Nagy. *Le don des larmes au Moyen Âge*: un instrument spirituel en quête d'institution (Ve-XIIIe siècle). Paris: Albin Michel, 2000.

REY, Sarah. La *misericordia* romaine: un mouvement perdu. *Sensibilités: Histoire, Critique et Sciences Sociales*, Controverses sur l'émotion, n.5, número especial, 2018, p.124-127.

_____. *Les larmes de Rome*: le pouvoir de pleurer dans l'Antiquité. Paris: Anamosa, 2017.

É necessário civilizar os bárbaros?
Pensar e viver as emoções na Idade Média

Damien Boquet

Uma sensibilidade primitiva

É muito tentador enxergar as emoções como disposições universais da natureza humana: quem duvidaria que as mulheres e os homens da China antiga, da Grécia da época de Péricles ou do Ocidente medieval, como nós hoje, sentiam medo diante do perigo, tristeza diante do infortúnio e alegria quando lhes acontecia algo bom? Mas se as emoções são universais, se são idênticas em todas as épocas e em todos os lugares, temos de admitir que elas não têm história, ou então que estão ligadas à história natural, à história da espécie, como pensava Darwin, e muito pouco à história cultural e social, que seria apenas o cenário mutável no qual afloram emoções que não mudam nunca.

Todavia, a época medieval é testemunha de emoções que parecem ter sido primordiais para as mulheres e os homens daquele tempo e hoje soam estranhas para nós: quem pode afirmar que já sentiu acídia, compunção ou dileção? Essas emoções não são apenas palavras estranhas que denotam emoções banais às quais daríamos outro nome. Elas qualificam uma maneira específica de sentir as coisas, típica da espiritualidade cristã, que escapa largamente à sensibilidade atual. E mesmo que a palavra soe familiar, essa familiaridade é apenas uma continuidade ilusória, pois o contexto de vida é radicalmente diferente. Por exemplo, a compunção não é apenas a dor causada pelo remorso; na Idade Média, ela remete a uma forma muito específica de arrependimento que mistura tristeza diante do pecado e consolo propiciado pela esperança de perdão. Por isso, a compunção pode ser um deleite para aquele ou aquela que a sente e pode adoçar as lágrimas que ele ou ela derrama.

Essa breve menção a alguns fósseis de emoções é suficiente para convencer o leitor de que as emoções não estão somente na história, mas que elas têm uma história, estreitamente determinada pelos contextos culturais e sociais. Como tudo o que é culturalmente construído, as emoções nascem, vivem e às vezes desaparecem do corpo social e, por conseguinte, dos corpos individuais. Consequentemente, se os historiadores reconhecem que a emoção é um objeto digno de história, como explicar que a "história das emoções" seja um campo de pesquisa tão recente, que só se constituiu realmente na virada dos anos 2000? Essa impressão é iludida em parte pela novidade do vocabulário. Na verdade, faz muito tempo que os historiadores reconhecem a importância das paixões, ou das sensibilidades. Para nos convencer, poderíamos voltar à Antiguidade, a Tucídides ou Tito Lívio. Para não ir tão longe na literatura historiográfica, poderíamos mergulhar na *História da França*, de Michelet, que atribui a cada período um temperamento, uma personalidade emocional. Por exemplo, a Idade Média é uma "criança triste, que foi arrancada das próprias entranhas do cristianismo, nasceu em lágrimas, cresceu entre sonhos e preces, nas angústias do coração, morreu sem realizar plenamente nada; mas deixou de si uma lembrança tão dolorosa que toda a alegria, toda a grandeza das eras modernas não serão suficientes para nos consolar". Para Michelet, ele próprio com olhos cheios de lágrimas, as mulheres e os homens da Idade Média são emotivos porque são crianças grandes, criaturas cativantes um tanto imaturas, incapazes de refrear suas pulsões, e sempre espontâneos em termos emocionais. Essa mesma percepção da emoção fará o grande acadêmico holandês Johan Huizinga dizer no início do século XX, em *O outono da Idade Média*, que os homens desse período são "gigantes com cabeça de criança, [que] vacilam entre o medo do inferno e os prazeres ingênuos, entre a crueldade e a ternura".[1] E quando Lucien Febvre, no fim dos anos 1930, lança o primeiro convite a uma história da "vida afetiva de outrora", ele compartilha dessas mesmas convicções: as emoções remetem às profundezas da humanidade, às pulsões primitivas e inconscientes. Quando mais recuamos no tempo, às origens do mundo moderno, mais o caminho da história é recheado de emoções. Ao longo do século XX, os historiadores, ainda pouco numerosos a se interessar pelas emoções, retomarão esse esquema que compara a história das sociedades à evolução psicológica dos indivíduos e associa o processo civilizador, teorizado por Norbert Elias nos anos 1930, a um processo de racionalização.

Essa visão enviesada e teleológica da história foi contestada apenas recentemente. E nisso reside a novidade da "história das emoções" que surgiu do diálogo com as ciências humanas e sociais (psicologia, sociologia, antropologia), que, mesmo

---

[1] Johan Huizinga, *L'automne du Moyen Âge*, Paris: Payot, 1993.

sustentadas sobre bases epistemológicas às vezes incompatíveis, contestaram a ideia de que as emoções são irracionais por natureza, primitivas, e agem como forças incandescentes que remetem à nossa animalidade e estão à espera de serem domadas, civilizadas pela razão. Nisso reside também a divergência com a "história das sensibilidades" inaugurada pela escola dos *Annales*, e não na natureza do objeto, pois é incontestável que as emoções pertencem à ordem do sensível. Gestada essencialmente pela história moderna e contemporânea, a história das sensibilidades, tão importante para Lucien Febvre e Alain Corbin, permanece fiel ao modelo eliasiano do processo civilizador, da racionalização das consciências e dos afetos, do progresso da autocoerção. A história das emoções se emancipou desse esquema evolucionista, provavelmente com mais vigor na França do que em outros países, porque foi na França que a história das sensibilidades nasceu; provavelmente com mais vigor entre os historiadores medievalistas, porque foi a Idade Média que mais sofreu com as consequências negativas do processo civilizador. Por isso, essas duas vertentes tinham pontos demais em comum para continuar separadas, e outras clivagens surgiram. Historiadores de ambas as escolas pensam hoje que é preciso reconsiderar o lugar que as emoções ocupam na história, apoiando-se no estado atual das ciências da emoção (a psicologia cognitiva e as neurociências em primeiro lugar), as quais sublinham o papel de protagonismo das emoções na aprendizagem de conhecimentos e valores e como, afinal, elas constituem uma racionalidade diferente. Outros historiadores, entre os quais me incluo, consideram, ao contrário, que seria desastrado escrever a história a partir do estado contemporâneo da ciência, porque é correr o risco de estar sempre defasado em relação às culturas do passado. Não seria mais prudente, e também mais simples, compreender e explicar o modo como as mulheres e os homens da Idade Média pensavam e viviam as emoções baseando-se nas próprias concepções deles?

Refletir sobre a vida afetiva

Quando o historiador abandona sua visão panorâmica provisória, percebe que as pessoas pensavam e utilizavam as emoções na Idade Média de maneira muito coerente, por menos que ele as contextualize. As concepções medievais das emoções são muito diversas, e às vezes contraditórias, conforme a época, o meio social e o tipo de discurso. Os sacerdotes não têm o mesmo olhar que os médicos, que veem as emoções sobretudo como um fenômeno físico, como uma ebulição dos humores que caracteriza o temperamento de cada indivíduo, enquanto os padres consideram que as emoções são movimentos da alma que revelam a propensão do homem para o vício ou a virtude. Em todo caso, nas sociedades ocidentais, nas quais o cristianismo teve um papel cada vez mais preponderante, o poder da palavra dos homens da Igreja – que às vezes também eram médicos – é determinante.

Assim, para Agostinho de Hipona, cujo pensamento teve uma grande influência sobre todo o período, as emoções (*affectus*) são movimentos da vontade. Mesmo que o sujeito tenha a impressão de que suas emoções lhe escapam, ele quer senti-las. Desde o pecado original, não foi a sensibilidade que se obscureceu na alma humana, mas a razão. As emoções nos falam das motivações profundas da vontade, dos valores morais; elas não são provocadas pelo corpo. O corpo recebe as sensações, mas é a alma que reage com um elã emocional, sem nenhum caráter de obrigação. É por isso que o homem é responsável por suas emoções.

A partir do século XII, essa concepção é parcialmente contestada, em consequência em especial da redescoberta da filosofia ética de Aristóteles e de seus comentários árabes, ou da influência cada vez maior do saber médico. Nas escolas parisienses, e mais tarde na universidade, a questão da espontaneidade das emoções é repensada. Por exemplo, os mestres identificam várias fases no surgimento da emoção: uma primeira fase totalmente involuntária do choque emocional – e, portanto, difícil de controlar – que eles chamam de "movimento primário"; uma segunda fase em que a vontade racional acompanha esse movimento. Essa abordagem mais complexa vai no sentido de uma maior naturalização das emoções, mas não põe em dúvida a dimensão moral delas e, por conseguinte, a responsabilidade individual sobre elas. Abelardo, por exemplo, afirma que possuir um temperamento colérico não é um pecado, mas um defeito de natureza – um defeito de compleição, diriam os médicos da época – que ele compara ao mancar. Em compensação, se o colérico se deixa dominar além da medida pela ira, nesse caso ele deve responder por seus atos. No mesmo sentido, a partir do século XIII, a importância atribuída ao corpo aumenta e a maioria dos intelectuais, como Tomás de Aquino, acaba considerando que as emoções são uma combinação de estados fisiológicos e movimentos da alma.

Sensibilidades cristãs

Além dos discursos acadêmicos, como se praticavam as emoções? Por qual evolução elas passaram?

No campo religioso, o mosteiro é um verdadeiro laboratório de experiências afetivas durante toda a Alta Idade Média. Os monges se veem como atletas de alto rendimento no que diz respeito às emoções. Praticam algumas com assiduidade: por exemplo, a compunção, que, como vimos, é uma forma de arrependimento que mescla tristeza e esperança. Segundo a frase atribuída a Jerônimo, o monge é, por definição, "aquele que chora": ele chora prioritariamente por seus pecados e, em seguida, pelos pecados da humanidade, mas, pelas lágrimas, ele estabelece uma relação com Deus, tanto que certos autores consideram que a capacidade de chorar é um dom divino, quase um sinal de santidade. Ao mesmo tempo, o mundo monástico desconfia das emoções que muito frequentemente conduzem a excessos e ameaçam a caridade dentro da comunidade. De acordo com o espírito da regra de são Bento, a palavra-chave da conduta afetiva é "moderação". Essa exigência e essa desconfiança não desaparecem, mas no decorrer do século XI ocorre uma verdadeira guinada afetiva, em consequência do "cristocentrismo" da segunda metade da Idade Média. Nos passos da reforma gregoriana, a Igreja situa a pessoa de Cristo mais do que nunca no centro do dogma e da fé, transformando a vida terrena de Jesus em modelo de vida para todo cristão. Na mesma época, entre os séculos XI e XII, o dogma da presença real do corpo de Cristo na eucaristia impõe-se definitivamente. Todo cristão, salvo pelo sacrifício de Deus — que se fez carne e sofreu na cruz, é convidado a conformar sua vida com os sofrimentos de Cristo. Surge um poderoso modelo de devoção que coloca a Paixão de Cristo como espelho das paixões humanas: a salvação de cada indivíduo depende da conversão, da conformação de suas emoções com aquelas de Cristo.

Consequentemente, no que diz respeito às paixões que salvam, a questão não é mais de medida. Como escreveu Bernardo de Claraval: "A medida do amor de Deus é amar sem medida".

Os últimos séculos da Idade Média são povoados de figuras místicas, em geral mulheres, que se consomem numa devoção apaixonada ao Cristo sofredor e não hesitam em envolver o próprio corpo nessa prática. Ainda estamos muito longe da seriedade monástica. Batalhões de pregadores partem à conquista dos corações empregando uma "pastoral afetiva". Os padres educam o rebanho mais pelos benefícios da vergonha do que pelo medo do inferno. Imagine o tamanho do desafio. Em sociedades em que a honra é um valor supremo, promover a vergonha é uma verdadeira afronta aos valores e sensibilidades. A vergonha do pecado é muito mais do que tomar consciência: é o início da conversão, é a própria condição da eficácia do sacramento da penitência. Envergonhar-se dos pecados passados já é temer a desonra dos pecados futuros. A Igreja, ao pedir a cada indivíduo que transgrida uma das normas mais imperiosas da vida social, funda um novo regime da honra.

Sociedade das emoções

Essa questão revela um outro aspecto da prática das emoções na Idade Média: a diversidade de acordo com o meio social. Uma acadêmica norte-americana, pioneira da história das emoções, Barbara H. Rosenwein, fala de "comunidades emocionais" para qualificar grupos sociais (ordem monástica, corte principesca, elite urbana) que assentam uma parte de sua identidade social na codificação das emoções. Mostra, por exemplo, como os textos produzidos na corte dos reis merovíngios Clotário II e Dagoberto, no século VII, desvalorizam a legitimidade política da ira e a figura materna para se diferenciar mais claramente do período final do reinado da rainha Brunilda.

O tempo do luto também aparece como um momento privilegiado em que os valores, às vezes conflitantes, das diferentes comunidades emocionais são manifestados publicamente por meio das emoções. Enquanto a Igreja prega a moderação na expressão da dor em nome da virtude da esperança, alguns grupos veem o luto como uma oportunidade de recordar – à custa de lágrimas, gemidos e gestos ostentatórios – sua unidade ou mesmo sua força. No fim do século XIII, na cidade de Orvieto, na Umbria, uma nova classe dirigente, em parte oriunda da elite burguesa, chega ao poder. Para reprimir as pretensões dos velhos clãs aristocráticos, os estatutos comunais proíbem o exibicionismo, quer sejam demonstrações de riqueza em cerimônias de casamento, quer sejam manifestações coletivas de luto nas vias públicas. Em resposta, as facções aristocráticas se aproveitam desses momentos de demonstração ritualizada das emoções para afirmar sua força. Em 1288, por exemplo, 129 homens são autuados por participar de lamentações públicas nas ruas de Orvieto pela morte de um jovem membro da nobreza, Lotto Morichelli. São acusados de se lamentar ruidosamente, puxar o próprio cabelo e arrancar a própria barba. Adotando tal atitude, comportam-se como as mulheres, como aquelas carpideiras públicas que costumam acompanhar os cortejos fúnebres.

Vê-se nitidamente por esse exemplo que a emoção demonstrada não corresponde a um extravasamento descontrolado, muito pelo contrário. Como bem compreendeu Marcel Mauss, a "expressão obrigatória dos sentimentos" não impede que eles sejam genuinamente experimentados, no sentido de que correspondem simultaneamente ao que a sociedade espera do indivíduo e ao que o indivíduo espera de si mesmo. O durkheimiano Maurice Halbwachs tira disso a seguinte conclusão: toda emoção é originalmente social. A experiência com as fontes medievais leva o historiador pelo mesmo caminho. Reduzir a emoção a um fato psicológico é algo recente, e deve-se evitar projetar essa ideia sobre a Idade Média: a dor do pranto em Orvieto é autêntica precisamente porque proclama publicamente a unidade e a solidariedade do grupo.

Emoções coletivas

Tais dispositivos abrem imensas perspectivas para o historiador. Também erguem obstáculos dificilmente transponíveis. Textos e imagens permitem que o historiador enxergue, na maioria das vezes, apenas as crenças e as práticas da elite. Por definição, as massas iletradas não escrevem. Mas existem janelas: por exemplo, as fontes judiciais, que às vezes transcrevem as palavras das pessoas comuns. E constatamos, nesses casos, que artesãos, camponeses e operários recorrem à emoção seguindo os mesmos critérios que a elite: o valor da honra é igualmente central para eles. Defender a própria honra exige ficar com raiva e declarar essa raiva contra a acusação. Inversamente, a emoção não prevista pode ser um argumento para obter a indulgência dos juízes. Por exemplo, as cartas de remissão mencionam como circunstância atenuante o fato de o acusado ter agido sob influência da *cólera cega*, uma ira irreprimível que supostamente atenuaria sua responsabilidade. Contudo, na maioria das vezes, as emoções das "pessoas simples" aparecem encarnadas na multidão: o regozijo pela chegada de um príncipe à cidade; o entusiasmo religioso durante as pregações; o medo quando um exército inimigo ou uma epidemia avançam. Quer exprimam um momento de comunhão do povo com os dirigentes, quer contenham, ao contrário, uma revolta, as emoções do povo são descritas pelos letrados como manifestações espontâneas, infantis ou mesmo animalescas, o que também é uma maneira de construir a distinção social entre a elite, que se arroga o direito de empregar publicamente as emoções porque domina seus códigos de uso, e o populacho, que é escravo de suas paixões.

Contudo, às vezes as fontes se traem: querendo denunciar a fúria da multidão, deixam claro que a ira do povo também podia ser controlada, ritualizada. Vincent Challet, por exemplo, interessou-se pelas revoltas urbanas no Languedoc no fim do século XIV. Ele mostra claramente que os ataques de fúria contra o senhor ou os magistrados da cidade, apesar da aparente espontaneidade, obedecem a um protocolo rigoroso. Uma das formas de ritualização da rebelião se faz por inversão das cerimônias de regozijo, igualmente codificadas: quando um rei chega à cidade, os sinos tocam e o povo aclama o soberano aos gritos de "Viva o rei!" ou "Misericórdia!". Quando estoura uma revolta, os mestres das guildas mandam tocar os sinos para que os habitantes se apresentem armados nas residências consulares. E, em todas as cidades, são proferidos os mesmos gritos de guerra, os mesmos clamores: em Toulouse (1357), em Clermont-l'Hérault (1379) e em Béziers (1381), *Moyran, los traidors, moyran!* ("Morte aos traidores, morte!"); às vezes com uma ligeira variação, "Morte aos ladrões!". Também nesse caso, o grito de raiva, o clamor, o movimento da multidão não são extravasamentos emocionais descontrolados, mas uma forma de ritualização da contestação adaptada ao espaço urbano e ao ambiente das corporações de ofício que, invertendo os códigos da cena de regozijo, significa ao mesmo tempo uma ruptura de unidade entre o povo e seus dirigentes e uma tentativa de fundar uma nova unidade dos contestadores. É nada mais nada menos do que uma demonstração de força política.

Michelet e Huizinga tinham toda a razão de enfatizar a força das emoções na Idade Média. Sua onipresença na vida cotidiana salta aos olhos. É compreensível que essa presença invasiva tenha desconcertado os historiadores do fim do século XIX e da primeira metade do século XX: eles viviam numa sociedade mais repressiva no plano emocional, as emoções tinham pouca legitimidade no espaço público ou, inversamente, serviam para inflamar as massas a ponto de fanatizá-las. Hoje, o desvio pela história, o esforço de compreender para tornar mais familiares os afetos à primeira vista tão estranhos das mulheres e dos homens dos séculos passados são também um convite para questionar o lugar que reservamos em nossas sociedades a essa parte da nossa humanidade, feita de luz e escuridão, que nos fascina tanto quanto parece nos amedrontar.

Referências bibliográficas

BOQUET, Damien. *Sainte vergogne*: les privilèges de la honte dans l'hagiographie féminine au XIIIe siècle. Paris: Classiques Garnier, 2020.

_____; NAGY, Piroska. *Emma*: les émotions au Moyen Âge. Programa de pesquisa. Disponível em: https://emma.hypotheses.org/. Acesso em: 31 jul. 2024.

CHALLET, Vincent. "Moyran, los traidors, moyran": cris de haine et sentiment d'abandon dans les villes languedociennes à la fin du XIVe siècle. In: LECUPPRE-DESJARDIN, Élodie; VAN BRUAENE, Anne-Laure (org.). *Emotions in the Heart of the City (XIVth-XVIth Century)/ Les émotions au cœur de la ville (XIVe-XVIe siècles)*. Turnhout: Brepols, 2005. p.83-92.

LANSING, Carol. *Passion and Order*: Restraint of Grief in the Medieval Italian Communes. Ithaca: Cornell University Press, 2008.

"Os barômetros da alma": fenômenos meteorológicos e sensibilidades do Iluminismo ao romantismo

Anouchka Vasak

> Ó Júlia!, que fatal presente do Céu a alma sensível! Aquele que a recebe deve esperar apenas dor e pesar sobre a terra. Vil joguete do vento e das estações, o sol ou os nevoeiros, o tempo encoberto ou sereno determinarão seu destino, e ele será contente ou triste ao capricho dos ventos.
>
> Jean-Jacques Rousseau, *A nova Heloísa*

O "sentimento de si" nasceria com os primeiros vislumbres do Iluminismo. O *cogito* cartesiano seria substituído por outra descoberta, vinda do corpo, teorizada pela filosofia do século, o sensualismo: "Sinto, logo existo". Marivaux disse à sua maneira, menos física: "Apenas o sentimento pode nos dar notícia um pouco mais segura de nós". Georges Vigarello mostrou claramente como o corpo se torna progressivamente o centro de uma nova atenção, mas também de patologias nervosas inéditas.[1] Um mundo interno se abre e ao qual se dá

---

[1] Georges Vigarello, *Le sentiment de soi: histoire de la perception du corps (XVIᵉ-XXᵉ siècle)*, Paris: Seuil, 2014.

escuta, um mundo de funcionamento independente, com seus próprios fenômenos meteorológicos: "Aparecem sob os olhos nuvenzinhas de cores diversas que imitam o arco-íris, ou reflexos vermelhos e brilhantes",[2] descreve o médico Joseph Raulin no *Traité des affections vaporeuses du sexe* (1758). A alma, carregada de metafísica, seria substituída pelo "si", um conceito novo, mas que será reservado aos materialistas, como Diderot. Pois a alma não desaparece: em Rousseau, por exemplo, ela é um outro nome do "eu" (e não do "si"). Mas o que aconteceu com ela? A alma, o eu, perde seu fundamento, seu prumo; é sentida em sua instabilidade, à imagem das variações do clima. É o que nos diz a literatura do eu, entre Iluminismo e romantismo. Em pouco tempo, a escrita acerca do íntimo encontra seu "lugar meditativo",[3] como a consciência encontrou o seu nos séculos XV-XVI, *studiolo* ou torre de Montaigne, espaço próprio do indivíduo libertado do claustro cristão ou da célula monástica. Esse lugar meditativo, entre Iluminismo e romantismo, é o diário íntimo. Embora herdeiro de uma tradição cristã representada na França pelo quietismo de Madame Guyon, o gênero diário nasce, em sua forma moderna, no início do século XIX. Nele o indivíduo registra as variações – na maioria das vezes dolorosas – de sua alma. A obra essencial de Pierre Pachet, *Les baromètres de l'âme* (1992), estabelece as balizas dessa história, a do "indivíduo moderno" que "percebe a individualidade não como uma possessão, mas como uma realidade instável".[4]

---

[2] Joseph Raulin, *Traité des affections vaporeuses du sexe*, Paris: Jean-Thomas Herissant, 1758, p.6.

[3] Georges Vigarello, op. cit., p.28.

[4] Pierre Pachet, *Les baromètres de l'âme: naissance du journal intime*, Paris: Hachette Littératures, 2001[1992], col. Pluriel, p.37.

Como Montaigne, "impróprio para o discurso contínuo", o eu é experimentado em sua inconstância, em sua variabilidade; e é na variação atmosférica, nos fenômenos meteorológicos e em suas mudanças, que ele encontrará o modelo de sua instabilidade. Chamemos esse eu de "meteorológico".

A alma barométrica

Jean-Jacques Rousseau não foi o primeiro a relacionar sua alma às variações do clima. A relação entre o sujeito e o clima fez história. No século XVII, Pascal escreveu em seus *Pensamentos*: "O clima e o meu humor têm pouca relação. Tenho meu céu enevoado e meu tempo ensolarado dentro de mim". Outros, como Théophile de Viau, estabelecem, ao contrário, uma correspondência entre o clima e o humor, entre o exterior e o interior. Mas foi apenas no século seguinte que veio à luz a expressão de uma variabilidade íntima, "fatal presente" que o Céu impõe à alma sensível. No Livro IX de suas *Confissões*, Rousseau esboça o programa da "moral sensitiva", concebido por volta de 1757 para guiar a mobilidade do nosso ser. Ele imagina esse sentimento de instabilidade ligado a circunstâncias exteriores, entre as quais o tempo que está fazendo: "O clima, os sons, as cores, a escuridão, a luz, os elementos, os alimentos, o barulho, o silêncio, tudo age sobre a nossa máquina e, consequentemente, sobre a nossa alma".[5] Seu projeto consiste em descobrir um regime moral capaz de resistir a essas influências, que ele acredita externas, e comandar as variações

---

5 Jean-Jacques Rousseau, Les confessions, em *Œuvres complètes*, Paris: Gallimard, 1959, col. Bibliothèque de la Pléiade, t.I, p.408-409.

que fazem da alma um joguete – regime que ele experimentaria em si mesmo. Rousseau jamais aplicou esse programa, porque naquele ano, numa espécie de *mise en abyme* significativa, ele estava sujeito a outras tentações, sobretudo amorosas. No fim de sua vida, porém, ele volta ao tema, para abandoná-lo de vez, no "informe diário de [s]eus devaneios", escritos com frequência no verso de cartas de baralho durante suas caminhadas e herborizações. No primeiro *Devaneio*, o caminhante solitário estabelece um protocolo quase científico: "Farei em mim mesmo, em certo sentido, as operações que fazem os físicos para conhecer o estado diário. Aplicarei o barômetro à minha alma, e essas operações bem conduzidas e repetidas por um longo período poderão me fornecer resultados tão confiáveis quanto os seus".[6] Contudo, Rousseau pretende parar na primeira etapa, a do registro, pois os resultados têm pouca importância para ele: "Contentar-me-ei em manter o registro das operações, sem tentar reduzi-las a um sistema".

Rousseau, por esse motivo, é o inventor dos barômetros da alma? O iniciador de um movimento e de um gênero que ele próprio não pratica, o diário íntimo? Nem uma coisa nem outra. O modelo meteorológico, baseado essencialmente no barômetro, parece quase um lugar-comum da literatura subjetiva, seja correspondência, seja diário, entre Iluminismo e romantismo, ou, para falar como um historiador, no período de 1750 a 1830. Nossa investigação, na verdade, mal começou; pesquisadores, e não apenas europeus, identificaram essa metáfora barométrica aplicada ao "eu" na literatura de língua inglesa, por exemplo, em cartas privadas, como as do escritor e

---

6 Id., Les rêveries du promeneur solitaire, em *Œuvres complètes*, op. cit., p.1.000.

compositor Ignatius Sancho ou as de Horace Walpole. O barômetro, mais do que o termômetro, é o instrumento metafórico adequado: os dados fornecidos são mais convenientes do que a precisão numérica do termômetro; ele mostra uma tendência (bom, variável, tempestuoso), mais de acordo com a variabilidade da subjetividade. Mas o barômetro, nesse caso, será curiosamente transformado em "paixonômetro",[7] "biômetro" ou "pneumatômetro".

Diário íntimo, escrita meteorológica

O filósofo Maine de Biran (1766-1824), aristocrata "esclarecido", próximo dos ideólogos durante um certo tempo, considerado sobretudo um dos fundadores da ciência do homem e da psicologia moderna, dedicou-se a reformular e tentar sistematizar o projeto de Rousseau. Manteve um diário ao longo de sua vida, registrando dolorosamente sua instabilidade de humor, sua "mobilidade" intrínseca, sua falta de "prumo". "Confesso", escreve em 1794, "que jamais estive dois dias seguidos na mesma posição, jamais fui o mesmo de manhã como de noite: também nunca houve nenhum seguimento nos meus gostos nem nos meus projetos".[8] "Seguramente", esclarece mais

---

[7] Alex Wetmore cita uma carta de Horace Walpole datada de 24 de outubro de 1758: "*I fear my passionometer will be susceptible of sudden changes*" ("Receio que meu paixonômetro seja suscetível a mudanças repentinas"). Ver Alex Wetmore, "Barometric Pleasures: Mercurial Selfhood and the Culture of Sensibility", comunicação no Congresso sobre o Iluminismo de Edimburgo, em 2019.

[8] Maine de Biran, Vieux cahier 1794, em *Journal*, t.III: *Agendas, carnets et notes (1794-1824)*, ed. Henri Gouhier, Neuchâtel: La Baconnière, 1957, p.11-12.

adiante, "há influência da estação mais quente do ano sobre as minhas faculdades orgânicas, intelectuais e morais. Encontro-me, sob esses três aspectos, aquém do meu valor ordinário: durante os três ou quatro meses de verão, uma grande mobilidade nervosa".[9] Esse sentimento de variabilidade íntima está de acordo com a forma descontínua do diário. Sem citá-lo diretamente, é Rousseau que o filósofo tem em mente quando evoca suas próprias "caminhadas solitárias" e, com mais dor que o autor dos *Devaneios*, "essa infeliz existência [...], sequência de momentos heterogêneos sem nenhuma estabilidade". O programa com que sonha Maine de Biran, porque ele vive no tempo condicional, é exatamente aquele programa sistematizado de Rousseau: "Todo homem deveria estar atento a esses diferentes períodos de sua vida; deveria comparar-se a si mesmo em diferentes tempos, manter o registro de seus sentimentos particulares, de sua maneira de ser, observar as mudanças nesses curtos intervalos".[10] O que isso tem a ver com o clima? Maine de Biran aplica regular e sutilmente o barômetro à sua alma, ou o termômetro, pois as menções à temperatura externa são numerosas em sua obra. Ora seu humor está relacionado ao clima:

> 14 de março de 1813: Irritei-me. O frio me torna impaciente.
> 4 de janeiro de 1815: Frio, 3º Nevoeiro. / A mudança de temperatura influi nas minhas faculdades físicas e morais de uma maneira desagradável; estou num estado de indisposição e embotamento habitual.

---

9 Id., Été 1814, em *Journal*, ed. Henri Gouhier, Neuchâtel: La Baconnière, 1954, t.I, p.13.
10 Id., Vieux cahier 1794, op. cit., p.10.

[Às vezes a coincidência é benéfica, como em 6 de setembro de 1815:]

Dia bastante fresco. / A mudança de temperatura influencia positivamente a minha maneira de ser e me dá mais força e confiança.

Ora as duas esferas – clima externo e clima interno – parecem completamente desvinculadas. Mas a observação sistemática da segunda depende inteiramente de uma "concepção meteorológica da alma" (Pierre Pachet). Em Maine de Biran, na maioria das vezes é impossível separar uma da outra: o "céu sereno, fresco", o "frio nebuloso", o "tempo sombrio", em que os adjetivos parecem ser pura sensitividade, traduzem a permeabilidade das esferas.

O diário se torna, para ele, uma espécie de sismógrafo íntimo, mas serve, em primeiro lugar, para deplorar o "incerto", o "vazio", o "desconexo" de sua existência. A tentação seria a de reduzir essa atenção meticulosa consigo mesmo a uma idiossincrasia, a uma maneira particular de ser do autor de *Mémoire sur la décomposition de la pensée* [Dissertação sobre a decomposição do pensamento], ou então considerá-la um sintoma de uma patologia nervosa. Mas o projeto é moral e filosófico. Maine de Biran tenta pôr em prática, metodicamente, o programa de Rousseau, auxiliado por um instrumento cujo inventor, Marc-Antoine Jullien (1775-1848), chama não de barômetro, mas de "termômetro para o emprego do tempo" ou "biômetro". Trata-se de uma agenda, vendida a partir de 1813, que consistia em cadernetas e tabelas para serem preenchidas cotidianamente.¹¹ Essas agendas, "memoriais das horas" ou "biômetros" são concebidos segundo o modelo das tabelas meteorológicas, como as da Royal Academy, da Sociedade Meteorológica Palatina de Mannheim ou do velho Louis Cotte.

Marc-Antoine Jullien, que teve um itinerário ideológico complexo, mas bastante característico do período (primeiro robespierrista, depois bonapartista e, por último, visto com desconfiança pelo imperador), é também pedagogo e incentivador de um método denominado "ensino mútuo". Suas agendas são parte dessa preocupação pedagógica e tiram partido de uma difusão que é quase de "grande público". A agenda de 1815 compreende as seguintes divisões: "Revisão do mês", "Revisão geral e resumida do ano", seis "Memoriais" particulares, reservados para despesas, compromissos, cartas e leituras, e também um "Repertório mnemônico para a vida da memória e da imaginação". O tempo meteorológico é um critério importante, como se percebe pela "nota explicativa detalhada" na forma de abreviações de uma hiperespecificação: "*c.l.*: céu limpo", "*c.e.*: céu encoberto", "*c.c.*: chuva contínua", "*t.a.*: temperatura amena", "*s.*: sol", "*t.*: tempestade" etc. O biômetro também incentiva o usuário a empregar abreviações para anotar a progressão do indivíduo "moral", ou seja, no domínio específico de sua existência: melhoria (*p* ou *b* para bom), estagnação (*e* ou *m* para medíocre) ou desvio (*d* ou *n* para *nigrum*, ruim). Jullien assegura que essa disciplina se torna, "com o tempo, um verdadeiro curso prático de higiene, de moral, de desen-

---

11 Marc Antoine Jullien, *Mémorial horaire ou Thermomètre d'emploi du temps*, Milano: Imprimerie Royale, 1813.

volvimento intelectual ou educacional, de vida social ou de conhecimento do mundo e dos homens".[12]

Maine de Biran se obriga a seguir essa disciplina pelo menos em 1815. Trata-se de uma tentativa, que certamente não é a única, de dominar os caprichos de uma subjetividade percebida como móvel e instável, à semelhança da existência: "Nossa existência é sucessiva e não pode ser concebida de outro modo". Trabalho perdido. Mas ele mostra que o sujeito clássico, o de Descartes ou de La Bruyère, estremece sobre as suas bases.

Outro escritor daquele período, Joseph Joubert, dedica-se a registrar todas as variações de sua subjetividade. Seus *Carnets* não são um "diário íntimo"; os aforismos, as notas alusivas e às vezes enigmáticas colocam-no na tradição dos moralistas do século XVII. No entanto, o texto de Joubert recorre à mesma meteorologia íntima: "O pensamento se forma na alma como as nuvens se formam no ar".[13] E escrever é, para ele, o "pneumatômetro", cuja invenção pelo campo da música ele pleiteia. Talvez para conjurar o sentimento de estar constantemente escapando de si mesmo, Joubert sonha com um texto meteoro, direto do céu — o céu astronômico, ordenado, não o céu meteorológico, variável: "Queria que os pensamentos se sucedessem no céu como os astros, com ordem, com harmonia, porém à vontade e intervalados, sem se tocar, sem se misturar" (1º de agosto de 1800).[14]

Maurice de Guérin (1810-1839) dá um passo além em seu diário, *Le cahier vert* [O caderno verde]. Parece que nele não

---

12 Ibid., p.451.
13 Joseph Joubert, *Carnets*, Paris: Gallimard, 1994.
14 Ibid., p.136-137.

existe mais fronteira entre o eu e o clima, entre o interior e o exterior, entre o sentido próprio e o figurado. Seu texto é literalmente meteorológico: "Quem não se surpreende vendo correr pelo campo a sombra das nuvens de verão? Não faço outra coisa enquanto escrevo isto. Vejo correr sobre o papel a sombra da minha imaginação, flocos esparsos incessantemente varridos pelo vento"[15] (10 de dezembro de 1834). Maurice de Guérin não tem a mínima intenção de aplicar o barômetro à própria alma, parece que nenhum controle é possível. "Em Guérin", diz Pierre Pachet, "a alma não tem invólucro, não tem nenhuma estrutura que a sustente".[16] Ora ela se abre para o mundo num movimento de expansão, ora "se contrai e se enrola em si mesma, como uma folha queimada pelo frio"[17] (26 de agosto de 1834).

No mesmo período, Kaspar Hauser, contemporâneo quase exato de Maurice de Guérin, descobre o mundo como uma violenta rajada de vento em cheio na cara. Há uma alteridade radical dos fenômenos meteorológicos para esse "filho da noite". Ele os identifica aos seres vivos: "Certa vez que o vento carregou uma folha de papel de sua mesa, ele disse que ela se jogou no chão, e como lhe retrucaram que foi o vento que a soprou, ele se queixou de que o vento não deveria fazer tal coisa, tomando o vento por um ser personificado".[18]

---

15 Maurice de Guérin, Le cahier vert, em *Poésie*, Paris: Gallimard, 1984, col. Poésie, p.160-161.
16 Pierre Pachet, op. cit., p.96.
17 Maurice de Guérin, op. cit., p.153.
18 Georg Friedrich Daumer, Notifications sur Kaspar Hauser, em *Kaspar Hauser, écrits de et sur Kaspar Hauser*, Paris: Christian Bourgois, 2003, p.368 apud Hervé Mazurel, *Kaspar l'obscur ou l'enfant de la nuit*, Paris: La Découverte, 2020, p.99.

Embora Kaspar Hauser seja, nesse sentido, o reflexo invertido de Maurice de Guérin, que se identifica espontaneamente com os fenômenos meteorológicos, ambos encontram na escrita de si essa "identidade narrativa"[19] (Paul Ricœur) capaz de exprimir uma subjetividade frágil, titubeante ou "extenuada".[20] Podemos reconhecer nisso, por mais íntimos e diversos que sejam esses textos, um movimento geral da subjetividade ocidental? O historiador pode arriscar uma explicação?

Sim. Como o sujeito se tornou essa alma sensível, "vil joguete do vento e das estações"? Podemos arriscar algumas hipóteses, mas nenhuma é universal e unívoca.

Em primeiro lugar, há uma explicação sociológica: a da multiplicação dos diários íntimos nos diferentes meios sociais, sobretudo, é claro, nos meios burgueses e instruídos, a prática do diário sendo recomendada especialmente para as moças. Mas, esclarece Judith Lyon-Caen, que propõe essa análise, "as almas não existem menos sem 'barômetros', cadernetas ou papéis de carta".[21] Nem o eu meteorológico.

O *Journal* de Lucile Desmoulins nasceu provavelmente dessa prática de escrita característica dos meios abastados do fim do século XVIII. Mas as páginas emocionantes que a jovem esposa de Camille Desmoulins nos deixou permitem uma segunda explicação, ao menos para a França e para o período revolucio-

---

19 Paul Ricœur, *Temps et récit*, Paris: Seuil, 1985 apud Hervé Mazurel, op. cit., p.223.
20 Philippe Lacoue-Labarthe e Jean-Luc Nancy, *L'absolu littéraire: théorie de la littérature du romantisme allemand*, Paris: Seuil, 1972, p.44.
21 Judith Lyon-Caen, Le "je" et le baromètre de l'âme, em Alain Corbin, Jean-Jacques Courtine e Georges Vigarello (org.), *Histoire des émotions*, v.2: Des Lumières à la fin du XIXe siècle, Paris: Seuil, 2016, p.188.

nário. Lucile Desmoulins, cujo diário contém menções meteorológicas propriamente ditas, como a da tempestade de 13 de julho de 1788, é um corpo preso na história, fustigado por outras tempestades: as da Revolução Francesa.

Alguns escritores escolheram virar as costas para a tormenta. Essa escolha, que podemos chamar já de romântica, é a Joseph Joubert: "A revolução expulsou meu espírito do mundo real, tornando-o horrível demais para mim".[22] As *Rückenfiguren* de Caspar David Friedrich, como a mulher no pôr do sol ou o viajante contemplando um mar de nuvens, tornaram essa escolha visível e sublime.

Por fim, podemos sugerir uma terceira explicação, essa de tipo antropológico: a de um rompimento do ser humano com a natureza. Ora, "esse distanciamento", como escreveu Charles-François Mathis, "embora revele ao homem as virtualidades emotivas insuspeitas das paisagens naturais, contém também um sofrimento sobre o qual vai repousar o movimento romântico europeu".[23] O eu meteorológico, sinônimo de "sujeito moderno", agora sem lastro e sem apoio, é uma parte dessa história. Na literatura, e sobretudo no diário íntimo, o sujeito aparece à flor da pele. Na pintura, ao contrário, ele recua um passo para nos expor diretamente ao céu, às suas variações. Delacroix e Turner foram uns dos primeiros a se arriscar nesse caminho e tentar fixar nossa condição meteorológica.

---

22 Joseph Joubert, 25 mars 1802, em *Carnets*, Paris: Gallimard, 1994, t.I, p.458.
23 Charles-François Mathis, Comme un archet qui jouait sur mon âme: l'individu face au paysage, em Alain Corbin, Jean-Jacques Courtine e Georges Vigarello (org.), op. cit., v.2, p.376.

Escrever sobre a intimidade:
o vínculo afetivo na correspondência conjugal
durante a Primeira Guerra Mundial

Clémentine Vidal-Naquet

A primeira carta que Césarine Pachoux envia ao marido, em 5 de setembro de 1914, um mês após ele ser recrutado, pode parecer bastante seca à primeira leitura: depois de informações sobre a venda dos porcos, a venda da farinha de milho, o pagamento dos impostos e a colheita das batatas, a agricultora manda suas "amizades sinceras" e termina a carta com um lacônico: "Penso em você". Muito distante, portanto, da efusão amorosa de outra missivista, Lily R., que em 7 de agosto de 1914 envia ao marido, um humilde cartonador parisiense, seu "amado Geogeo", seu "querido", seu "tesouro", seu "amor", seu "Georges adorado", uma carta cheia de carinho "[d]aquela que [o] quer mais do que tudo no mundo e precisa [dele] noite e dia".[1]

À frieza ou pudor emocional de Césarine opõem-se os excessos sentimentais de Lily. Duas primeiras cartas enviadas por duas mulheres aos seus respectivos maridos recrutados, duas

---

[1] Os trechos das cartas citados neste artigo respeitam o original, com eventuais erros de ortografia e sintaxe.

modalidades muito diferentes de demonstração do vínculo afetivo: a primeira é pouco expansiva, foca nas questões materiais que regem a vida que ficou para trás; a segunda é só declarações de amor e profusão sentimental. Para uma, ficamos tentados a concluir precipitadamente que a intensidade do sentimento amoroso é fraca; para a outra, que é exagerada.

Mas a questão principal reside no seguinte: a pobreza dos afetos demonstrados é sinal de pobreza dos sentimentos experimentados? E, inversamente, a profusão de declarações amorosas é proporcional à intensidade do amor vivido? Sem sabermos nada sobre as mulheres que escreveram essas cartas, sobre sua familiaridade com a escrita, sobre o perigo que seus respectivos maridos corriam, sobre o seu imaginário amoroso, essas cartas nos suscitam outras perguntas. Uma situação paroxística resultaria necessariamente numa expressão paroxística dos sentimentos? Ou, dito de outra forma, no caso do primeiro grande conflito mundial, a violência extrema que estourou em 1914 provocaria inevitavelmente nos casais separados pela guerra uma explosão visível dos afetos e do sentimento amoroso, proporcional à angústia da perda?

É forçoso constatar que a guerra constitui, para o(a) historiador(a) que deseja analisar a construção dos sentimentos, uma porta de entrada privilegiada, senão uma oportunidade ímpar. O período do conflito é fecundo em produção de egodocumentos — apontamentos de soldados, diários íntimos, cartas. As intimidades silenciosas no período ordinário de paz tornam-se visíveis. Na França, 5 milhões de casais separados pela guerra foram obrigados a manter por escrito o relacionamento conjugal. Os progressos da alfabetização, desde a promulgação das leis Ferry, possibilitaram que indivíduos de todos os meios sociais fossem capazes de escrever cartas: textos balbuciantes para alguns, mais confiantes para outros. Assim, na França, de 5 a 6 milhões de cartas circularam diariamente entre o *front* e a retaguarda, durante todo o período de guerra. De fato, a mobilização maciça dos homens teve um efeito duplo sobre a troca de cartas. De um lado, provocou uma inflação inédita no número de correspondências. De outro, democratizou o texto epistolar. Embora nem todas as correspondências produzidas tenham sido conservadas, o imenso sucesso das ações de coleta organizadas em 2014 e 2018 pelos arquivos nacionais, pela Missão do Centenário da Grande Guerra e pela Biblioteca Nacional mostrou claramente que um grande número de famílias francesas ainda guardava em seus sótãos vestígios desses textos de foro íntimo.

Embora sejam fontes fecundas, as cartas que chegaram até nós são fragmentárias. Aquelas que se preservaram provêm majoritariamente de pessoas letradas, de camadas sociais mais abastadas e de famílias originárias da agricultura ou do artesanato. Ao contrário daquelas que vêm dos diaristas, dos operários agrícolas ou dos trabalhadores da grande indústria. A preservação de maços de cartas, às vezes volumosos, resulta de dois fatores: a importância atribuída ao texto escrito, o que nos permite ter a medida do valor simbólico da correspondência; e o gozo de uma propriedade, de um espaço para conservá-los. No caso das cartas trocadas por casais, é preciso acrescentar um terceiro fator: as correspondências acessíveis são aquelas de cônjuges que nutriam uma afeição mútua, o que explica que as cartas que compõem esse tipo de correspondência tenham sido guardadas por ao menos um dos missivistas. A correspondência de casais que romperam por causa do conflito constitui, por consequência, uma parte marginal no interior do *corpus* disponível. Este último, em compensação, nos permite estudar a expressão do laço conjugal e íntimo durante a guerra.

Consideremos por um momento a noção de íntimo. "Não posso ser íntimo sozinho. Sou necessariamente íntimo *com*",[2] afirma François Jullien. Do mesmo modo, para Michaël Fœssel, "o íntimo é um conceito relacional".[3] E François Laplantine acrescenta: "A construção da intimidade [...] não é estrutural. Ela tem caráter processual" e pressupõe o "trabalho do tempo".[4] Em si, o íntimo não é nada: ele se constrói sempre em relação com o outro e no decorrer do tempo. A correspondência dos casais separados durante o conflito reúne assim as condições de elaboração do íntimo e, para o(a) historiador(a), as condições de sua investigação: na interação epistolar, e no longo tempo da guerra, os vínculos conjugais, às vezes o sentimento de amor, são construídos e expressados. Aliás, os cônjuges concebem as cartas como o espaço privilegiado das confidências pessoais. E, no entanto, sobretudo na retaguarda, as cartas são lidas muitas vezes para o círculo das pessoas mais próximas, que esperam notícias do soldado. Mas a leitura é seletiva: são deixadas de lado as missivas ou as passagens nas quais o amor e o desejo são confessados de maneira explícita demais. Consequentemente, esse ato de compartilhamento da carta é, paradoxalmente, um ato de sigilo: ele permite que

---

2 François Jullien, *De l'intime: loin du bruyant amour*, Paris: Grasset, 2013, p.31.
3 Michaël Foessel, *La privation de l'intime*, Paris: Seuil, 2008, p.13.
4 François Laplantine, *Penser le sensible*, Paris: Pocket, 2018, p.78.

os casais preservem uma relação exclusiva, que protejam um lugar só deles, prova da manutenção da intimidade, apesar da distância. Se, como lembra François Jullien, o íntimo associa "o *retirar*-se e o *compartilhar*",⁵ a carta é exatamente o lugar de sua expressão.

Quanto ao conflito, ele é, para os casais estudados, uma *prova* amorosa, nos dois sentidos da palavra. De um lado, a obrigação do distanciamento abala o relacionamento afetivo, confrontando-o com a adversidade. De outro, a distância às vezes os faz apreciar melhor o laço que os une; a guerra, nesse caso, permitiria pôr a afeição à prova. Ora, muitos missivistas sublinham, durante o longo tempo do conflito e da separação, que os sentimentos se intensificaram. Intensificação que eles associam não apenas à distância, mas também ao contexto de violência e ao risco de separação definitiva. Em face da iminência do perigo, a percepção da relação conjugal muda: "Tenho a impressão de que apreciei muito pouco a brandura da vida antes dessa guerra terrível, as pessoas reclamavam, queixavam-se: e agora que tudo é tão duro, vejo como éramos felizes no passado",* escreve Émilie Louïse ao marido, o médico Albert, após sua partida para os Bálcãs em 1915. "Parece que a provação nos une ainda mais forte e nos aproxima ainda mais estreitamente",** observa Anatole Durant em 1917, após três

---

5 François Jullien, op. cit., p.29.
* "Il me semble que j'ai trop peu apprécié la douceur de la vie d'avant cette affreuse guerre, on se plaignait, on gémissait: et maintenant que tout est rude on se trouvait si heureux dans le passé." (N.T.)
** "Il me semble que l'épreuve nous unit encore plus fortement l'un à l'autre et nous rapproche encore davantage." (N.T.)

anos de separação. O agricultor Paul Pireaud, de sua parte, revela sua surpresa em janeiro de 1918: "Não sei do que dependem essas coisas, mas, mesmo quando fazíamos amor, nunca me senti tão apaixonado e tão louco de desejo como agora".*
A passagem pela escrita, facilitando a comunicação, estimula o desenvolvimento do sentimento amoroso; a carta, ao evocar o amor e o desejo, também os provoca. Mas se a expressão dos sentimentos é facilitada pela aprendizagem do gênero epistolar na escola, nos manuais e nos romances sentimentais, a do desejo físico percorre caminhos bem menos conhecidos. "A literatura romanesca [...] diz muito pouco sobre o leito conjugal",[6] ressalta Alain Corbin. Para os casais separados, e mais ainda para os casais que recorrem à escrita, pegando na caneta pela primeira vez por causa da guerra, não existem modelos epistolares que possam facilitar a expressão erótica. Novidade absoluta para um grande número de missivistas, a formulação escrita do desejo sexual apresenta uma enorme dificuldade. Em certas correspondências ela se apresenta pudicamente: subentendidos, reticências, palavras não ditas e cartões-postais maliciosos revelam, pouco a pouco, a necessidade de sexo, que depois se expressa de maneira mais serena. À medida que a guerra se prolonga, Yvonne Retour, membro da elite normanda, ousa se despir do pudor que permeia um relacionamento inteiramente voltado para o espiritual.

---

* "Je ne sais de quoi cela dépend, mais même au temps où nous faisions l'amour je n'ai jamais été fou d'amour et ampli d'autant de désir comme maintenant." (N.T.)

6 Alain Corbin, *L'harmonie des plaisirs: les manières de jouir du siècle des Lumières à l'avènement de la sexologie*, Paris: Perrin, 2007, p.438.

Em dezembro de 1914, admirada com a própria audácia, ela escreve ao marido, Maurice: "Eu te desejo tanto! [...] Às vezes tenho vergonha de mim mesma".* Dois meses depois, após inúmeras trocas de palavras carinhosas, ela ganha confiança: "Eu te adoro e não tenho mais vergonha de te dizer quanto te desejo".** Outras, é verdade, não se dão ao trabalho de tantos rodeios, como Louisette nesta carta de 8 de julho de 1916 ao seu Dédé: "Mil beijos ardentes de amor no teu corpo adorado que eu queria sentir contra o meu e te dizer de novo como eu te amo ah meu maridinho amado quantas vezes eu penso naquelas noites de amor que não esqueço jamais quando veremos de novo esse momentos de felicidade meu amorzinho querido".*** Em todos esses casos, a separação dos casais torna a satisfação do desejo conjugal impossível, salvo nos períodos de licença; essa restrição os estimula a escrever, intensamente, *em torno* ou *sobre* a sexualidade. Nisso, as cartas nos dão acesso a práticas sexuais fantasiadas. Como se vê, portanto, o compartilhamento do íntimo deve muito à distância: restringindo os encontros cara a cara, a ausência estimula a confissão. A escrita, no fim das contas, é ativa: as cartas são o lugar da construção dos afetos. Contudo, é impossível afirmar que os missivistas sentem efetivamente o desejo e os sentimentos com a intensidade que dizem sentir. Mas seria ir longe demais imaginar que,

---

* "Je te désire tant! ... Parfois j'en ai honte". (N.T.)
** "Je t'adore et je n'ai plus honte de te dire combien je te désire." (N.T.)
*** "Milles bons baiser d'amour brulants sur tout ton corp adoré don je voudrais sentir contre moi et te redire combien je t'aime ha mon petit mari aimé combien de fois je pense a c'est nuits d'amour qui ne soublie jamais quand donc revivront nous c'est moment de bonheur mon petit m'amour chéri". (N.T.)

naqueles quatro anos, se provavelmente os casais nem sempre escreviam o que sentiam, talvez tenham sentido pouco a pouco o que escreviam?

A maioria das correspondências evoca a necessidade afetiva respeitando as frases convencionais de encerramento das missivas; são raras as que mencionam a frustração sexual e o desejo erótico; também é pequena a proporção de cartas dedicadas unicamente a qualificar a afeição. O essencial, sem sombra de dúvida, reside no indispensável, no necessário. Em outras palavras: no prosaico. A principal preocupação das correspondências conjugais é a resolução de assuntos ordinários. Provavelmente para manter o vínculo, alguns combatentes exigem saber por carta todos os detalhes relativos à vida que eles deixaram para trás. Por exemplo, Antoine Martin manifesta a necessidade de saber "de tudo um pouco, mesmo das coisas sem importância". As esposas, de sua parte, se esmeram na descrição da rotina que compõe seu cotidiano: o comportamento e o progresso dos filhos, o andamento dos negócios, a contabilidade, a saúde dos pais, as notícias da aldeia ou do bairro, as reorganizações familiares, a montagem de pacotes cheios de especialidades regionais, roupas de frio, doces – o que Roland Dorgelès qualifica de "supérfluo" e Henri Barbusse chama de "ordinário". As cartas percorrem o cotidiano que é compartilhado em tempos de paz e materializam o vínculo que perdura na ausência. Senão como se explica o fato de Armandine ter enviado um frango cru – com a receita, é verdade – ao marido, Armand, que estava combatendo nas trincheiras? Ou ter pedido para ele "não se esquecer da festa do padroeiro do [seu pai]", porque "pode parecer bobagem, mas os velhos gostam dessas coisas"?

História das sensibilidades

De um lado e de outro do *front*, os cônjuges vivem situações irremediavelmente diferentes, que eles têm dificuldade de compartilhar: as mulheres, mergulhadas numa solidão que nunca viveram antes, são confrontadas com novas responsabilidades, muitas vezes extenuantes. Os soldados, impotentes para socorrê-las, descobrem um novo cotidiano na tropa, a dureza da vida nas trincheiras; sofrem com a expectativa do ataque, a prova de fogo, a brutalidade extrema de um conflito que emprega armas modernas, de alta letalidade, e contam com o acaso como única estratégia de sobrevivência. Nesse contexto, parece que apenas o desvio pelo banal permite que os dois cotidianos se aproximem e, no mesmo movimento, o laço conjugal perdure.

Mas afirmar que o ordinário estrutura as relações conjugais não significa que a violência ostentada no *front*, e da qual os soldados participam ou são testemunha, seja excluída das cartas. Em centenas de correspondências trocadas, e mesmo que tentem tranquilizar suas esposas, amenizar a experiência terrificante do *front* ou respeitar a censura postal, os combatentes não se calam sobre a guerra que eles estão atravessando, sobre a sua violência ou os seus perigos. Os cadáveres despedaçados, a pestilência dos corpos em decomposição, as cidades destruídas, as feridas infligidas permeiam as cartas mais afetuosas. Quanto à possibilidade da morte, sua onipresença é medida sobretudo pela constância com que os casais invocam a certeza do retorno, imaginam um após a dois. A obsessão pela sobrevivência, longe de apontar para a eventualidade da morte, é antes o sinal da intensidade da sua presença.

As correspondências de guerra, portanto, se mantêm em tensão constante entre o trágico e o ordinário. *A priori* antagônicas, essas duas dimensões se tocam. Nas centenas de cartas trocadas, a violência do *front* aparece ao lado de informações que, comparativamente, parecem ter uma intensidade muito fraca. A longa duração da separação altera a banalidade da vida conjugal; as cartas revelam cotidianos profundamente transformados pela experiência da guerra e, não obstante, compartilhados a distância pelos cônjuges. Nas palavras trocadas coexistem o que permanece do cotidiano anterior à guerra e o que surge com a assustadora novidade do conflito. Diante das reviravoltas do quadro de existência sob a guerra, as cartas cotidianas são um apoio moral indispensável, e o ordinário, refundação essencial da vida conjugal, é o recurso. Isso explica que Germain Cuzacq tenha escrito à sua mulher, Anna, em julho de 1915: "Temos mortos nas nossas trincheiras que nem eles nem nós podemos enterrar. Há quem esteja lá há quinze dias, imagine os bons ares que respiramos! É quase insuportável".* E completa, sem nenhuma transição: "um dos meus companheiros de Saint-Julien-en-Born recebeu um presunto e fizemos uma omelete".**

Finalmente, as correspondências conjugais do período de guerra se ordenam ao redor de dois mecanismos principais. Em primeiro lugar, a troca íntima é dinâmica: a interação epistolar é incessantemente atualizada, de carta em carta, a expressão dos sentimentos é submetida a reavaliações constantes. Embora se exija sinceridade de um e de outro – quer se trate de notícias

---

* "Nous avons des morts entre nos tranchées que, ni eux, ni nous, ne pouvons enterrer. Il y en a qui y sont depuis 15 jours; alors figurez--vous si nous respirons de bonnes odeurs, c'est presque insupportable." (N.T.)

** "un de mes camarades de Saint-Julien-en-Born avait reçu un jambon et nous avons pu faire une omelette." (N.T.)

tristes da retaguarda ou da violência do *front*, das flutuações do moral ou das angústias vividas –, o dizível é elaborado e construído pouco a pouco. Os casais constroem modos de comunicação nos quais os limites do pudor são constantemente renegociados. Por exemplo, na correspondência entre o agricultor Léon Plantié e sua mulher, Madeleine. Em agosto de 1914, o soldado não hesita em falar do seu desejo, dando o tom de uma correspondência na qual o amor, a saudade e as fantasias sexuais são onipresentes. "Cheguei da marcha, linda caminhada, se tivesse sido feita ao teu lado, entre oliveiras, pinheiros e montanhas, se soubesses, querida, que lindos lugares para fazer amor...",* escreveu ele. Por outro lado, ele intima sua mulher, menos prolixa, a escrever mais, a fazer confidências, a exprimir sua afeição de maneira mais livre. Em fevereiro de 1916, quando as cartas de Madeleine são mais constantes e mais carinhosas, ela envia um cartão-postal erótico ao marido. Mas Léon rejeita o presente e prefere enviá-lo de volta: "Ouso crer que, se soubesses do meu sofrimento como todos esses infelizes [...], não o terias enviado, ou então não terias perdão, pois nesses momentos ninguém se preocupa em rir ou brincar e, realmente, teria sido um insulto".** Nas cartas seguintes, sempre carinhosas, está fora de cogitação, para Madeleine, ultrapassar o aceitável.

---

* "J'arrive de marche, jolie promenade si elle avait étée faite avec toi, au millieux des oliviers, des sapins et des montagnes, si tu savais ma chère amie, les beaux sites pour faire l'amour..." (N.T.)

** "J'ose bien croire, que si tu m'avais sû à la souffrance comme tous ces malheureux [...], tu ne me l'aurais pas envoyée, où alors tu n'aurai pas étée excusable, car dans ces moments là, on n'à guère le souci à rire ni à badiner et vraiment çà aurait été une insulte." (N.T.)

Em segundo lugar, durante a longa duração da guerra, o compartilhamento íntimo toma duas direções contraditórias e, às vezes, concomitantes: um esgotamento e um aprofundamento. De um lado, o tédio e a monotonia, aos quais se junta a exigência de regularidade e frequência das cartas, esgotam a inspiração epistolar. "Que queres que eu te conte que é sempre a mesma coisa que não se vê ninguém que é só bomba caindo de todos os lados à direita à esquerda na frente e atrás",* confessa Henri Stévant. E o professor Jean Déléage, após um ano de correspondência com sua mulher, Louise, ressalta o esgotamento do registro amoroso: "Por mais que eu revire, por mais que eu procure, não sai nada da minha pobre cachola; não aguentamos mais conjugar o verbo '*amo*', não é?".** Por outro lado, ao recorrer à escrita, alguns missivistas — às vezes os mesmos — descobrem a introspecção. Césarine Pachoux, que escreve uma primeira carta tão austera, descobre pouco a pouco o prazer de contar seus sonhos, esperanças, expectativas e insatisfações ao marido. À distância, e por correspondência, ela *aborda* seus desejos, *encontra* seu marido e se coloca *junto* dele: "Estar ao lado não é estar 'junto'. Esse Outro pode se tornar um ser familiar, mas não um ser íntimo. [...] Cada um fica no seu canto: eles nunca se 'encontram'. Eles se cruzam, durante toda a vida, mas nunca se *aproximam*".[7]

---

* "Que veux tu que je te raconte ses toujours la même chose que lon ne vois personne que des obus qui tombe de tou les côté à droite à gauche en avant et en arrière." (N.T.)

** "J'ai beau me fouiller, me taper dans tous les sens, rien ne sort de ma pauvre caboche; nous ne pouvons plus, n'est-ce pas, conjuguer le verbe '*amo*'." (N.T.)

[7] François Jullien, op. cit., p.xxx.

O tempo de guerra oferece, *in fine*, um acesso privilegiado ao íntimo dos atores sociais que o atravessam? Para concluir, confissões de uma expectativa não realizada: a irrupção da guerra, a meu ver, não podia prescindir de uma irrupção desordenada dos sentimentos. Ora, longe das confidências exacerbadas, da entrega que eu esperava encontrar, as cartas conjugais trocadas entre 1914 e 1918 são muito parecidas: frequentemente banais, repetitivas, presas ao prosaico e, na maior parte do tempo, pobres em termos de extravasamento. Onde então reside o íntimo nessas correspondências conjugais, se é que é possível circunscrevê-lo? "O amor é exclamativo, superlativo, mas ele, o íntimo, é retraído e se cala",[8] afirma François Jullien. E François Laplantine enfatiza: "Não podemos falar do íntimo com trombetas e tambores. Ele não combina com o que é grande, grandioso, grandiloquente, com arquiteturas monumentais. Uma estética do íntimo procura não o nada, mas o menos".[9] Essas análises permitem lançar uma nova luz sobre a textura das relações conjugais, cuja intensidade dos sentimentos manifestados varia, mas que são estruturadas pela banalidade. O íntimo, portanto, residiria menos na expressão do desejo do que nas ninharias, na existência de uma relação cotidiana reatualizando o laço.

Seria tentador examinar mais longamente, nas cartas de guerra, aquelas e aqueles que, ao longo da troca de correspondência ou no tempo de uma carta, transgridem as regras, manifestando mais explicitamente seus sentimentos, suas necessidades, suas angústias. Em suma, seria tentador criar artificialmente um espelho deformante que nos amoldasse

---

8 Ibid., p.203.
9 François Laplantine, op. cit., p.886-887.

às aspirações daquela que lia, um século atrás, essas trocas epistolares. Para corroborar a ideia de uma explosão de afetos concomitante com a explosão da guerra. De fato, nas minhas primeiras leituras das correspondências conjugais, eu procurava as palavras de carinho, a efusão sincera, o parágrafo enfático, a manifestação da aflição. Eu ia atrás daqueles e daquelas que, por se manifestar mais, pareciam sentir mais. Antes de compreender que o mistério residia não ali, mas no céu enevoado daquelas cartas monótonas, permitindo mais do que todos os clarões de nos aproximarmos mais corretamente da construção epistolar dos laços íntimos durante a guerra.

Referências bibliográficas

COUDREUSE, Anne; SIMONET-TENANT, Françoise. *Pour une histoire de l'intime et de ses variations*. Paris: L'Harmattan, 2009.

DAUPHIN, Cécile; LEBRUN-PÉZERAT, Pierrette; POUBLAN, Danièle. *Ces bonnes lettres: une correspondance familiale au XIXe siècle*. Paris: Albin Michel, 1995.

FARGE, Arlette; VIDAL-NAQUET, Clémentine (coord.). *Sensibilidades: Histoire, Critique et Sciences Sociales*, Les paradoxes de l'intime, n.6, 2019.

VIDAL-NAQUET, Clémentine. *Couples dans la Grande Guerre*: le tragique et l'ordinaire du lien conjugal. Paris: Les Belles Lettres, 2014.

_____. Écrire ses émotions: le lien conjugal dans la Grande Guerre. *Clio: Femmes, Genre, Histoire*, n.47, p.117-137, 2018.

PERSPECTIVAS

História, uma viagem no tempo: entrevista com Alain Corbin

Hervé Mazurel: Se Lucien Febvre teve papel capital no surgimento de uma história da vida afetiva (que ele via como uma forma de psicologia histórica),[1] coube a você, prezado Alain Corbin, rebatizar esse campo e fazer da história das sensibilidades um campo de estudos particularmente vivo hoje e mais amplo do que era. Em que momento você entendeu que era possível fazer do sensorial um objeto pleno da história?

Alain Corbin: Você faz alusão a Lucien Febvre. Isso é importante para mim. Em 1954-1955, quando eu tinha 19 anos, Michel de Boüard, professor de história medieval, nos aconselhou a ler Lucien Febvre. Foi amor à primeira vista. Assim como um dos meus colegas, concluímos que era o tipo de história que devíamos fazer. O problema era que os conselhos dados por Lucien Febvre — depois, por Robert Mandrou e, de uma maneira diferente, por Alphonse Dupront e Georges

---

[1] Lucien Febvre, "Psychologie et histoire" (1938) e "La sensibilité et l'histoire: comment reconstituer la vie affective d'autrefois?" (1941), ambos reunidos em *Combats pour l'histoire*, Paris: Armand Colin, 1992 [1953].

Duby – não tiveram muitos resultados. Salvo algumas fórmulas repetidas sobre a ausência de história da alegria ou sobre as maneiras específicas de aspirar que caracterizavam os homens do século XVI, Lucien Febvre não redigiu uma obra dedicada a suas próprias injunções. *Combats pour l'histoire* era a enunciação de um conjunto de indicações.

Naquele tempo, os "mandachuvas" que decidiam as disciplinas e regiam a história contemporânea eram surdos a essas perspectivas de psicologia histórica; e foi assim por muito tempo. Assim que pude – e não fui o único –, tentei dizer como as formas de acolher as mensagens sensoriais eram objetos da história.[2] Seis anos depois, um artigo sobre a história da antropologia sensorial me deu a oportunidade de ler e conhecer Constance Classen e David Howes, que já trabalhavam nessa direção.[3] É claro que não correspondia exatamente à história das representações, mas era algo próximo da história das emoções que estava tomando impulso naquele momento. Falar de história das sensibilidades ou do sensível, me parece, é reunir essas correntes próximas e diversas num único feixe.

H. M.: Em Antropologia dos sentidos, *David Le Breton escreve: "Diante do mundo, o homem nunca é um olho, uma orelha, uma mão, uma boca ou um nariz, mas um olhar, uma escuta, um toque, uma gustação ou uma olfação, isto é, uma atividade". O que significa, para ele, que nossos sentidos não são janelas para o mundo, mas filtros. E que, consequentemente,*

---

2 Alain Corbin, *Le miasme et la jonquille: l'odorat et l'imaginaire social (XVIIIᵉ-XIXᵉ siècles)*, Paris: Flammarion, 1982.

3 Id., Histoire et anthropologie sensorielle, *Anthropologie et Sociétés*, v.14, n.2, 1990, p.13-24.

"não é o real que percebemos, mas sim um mundo de significações".[4] Como historiador, você se reconhece nessa abordagem das percepções sensoriais?

A. C.: Concordo inteiramente. E corresponde ao que, talvez de maneira pouco hábil, eu entendo por história dos modos de recepção das mensagens sensoriais, moduladas através das épocas e em cada uma delas de acordo com as categorias sociais, os modos de educar, os conhecimentos científicos, a preocupação com a distinção. A título de exemplo, só posso recomendar a leitura da obra de Carl Havelange sobre a história do olhar.[5]

H. M.: Você sempre defendeu, como historiador, uma abordagem naturalmente compreensiva, o que pressupõe uma longa imersão nas fontes (desde arquivos até egodocumentos) para fazer ressoar em nós uma época – mais do que para raciocinarmos sobre ela. Como Lucien Febvre, não há nada pior para você do que o anacronismo psicológico, o pecado dos pecados para o historiador. Em que consiste exatamente esse anacronismo, e como o historiador pode estar seguro de escapar dele?

A. C.: Você aborda na sua pergunta o essencial da maneira como concebo e tento praticar a história desde sempre. Fico revoltado como as pessoas se esforçam hoje para escrever, aconselhar, impor uma história de tipo tribunal. A história é o prazer de uma viagem no tempo. Antes de tudo, o historiador deve se questionar sobre a sua própria maneira de ver o mundo, suas concepções éticas também, para se desfazer delas e evitar praticar – repito – uma história de tipo tribunal que materialize o ponto de exclamação. Evitar o anacronismo psicológico –

---

4 David Le Breton, *La saveur du monde: une anthropologie des sens*, Paris: Métaillé, 2006.

5 Carl Havelange, *De l'œil et du monde: une histoire du regard au seuil de la modernité*, Paris: Fayard, 1998.

voltamos a Lucien Febvre – é a regra fundamental para aquele que pretende ser historiador. Não existe interesse nenhum em transportar-se com armas e bagagens para o passado; é anular o prazer da história, que nasce precisamente do fato de estarmos num mundo diferente do nosso. Partir para descobrir o outro não é ser juiz de instrução dos seres do passado.

Escapar ao anacronismo implica, portanto, uma análise constante de si mesmo, uma grande paciência para deixar que o sentido de cada documento aflore, uma escuta sem fim do ser do passado para compreendê-lo sob todos os seus aspectos, em sua coerência ou incoerência, de acordo com o modo como ele vê o mundo e existe. Sem esquecer os lentos mecanismos que deixam à deriva o que Jacques Le Goff qualifica de "destroços da cultura".

H. M.: A partir disso, podemos dizer, como Nicole Loraux,[6] que em cada momento da história várias épocas se entrelaçam, imbricam, sobrepõem? De modo que cabe ao historiador a imensa tarefa não só de distinguir os diferentes ritmos da história, mas também desenredar esses entrelaçamentos, esses nós temporais que constituem cada presente? Dito em outras palavras, o anacronismo é uma simples confusão de tempos?[7]

A. C.: Com a sua pergunta, você troca em miúdos o que eu disse antes. No transcurso dessa viagem no tempo que é a história, o historiador se vê confrontado com um tecido de entrelaçamentos. Remorsos, mecanismos de inércia, utopias, descompassos tecem a história e complicam infinitamente a

---

6 Nicole Loraux, Éloge de l'anachronisme en histoire, *Le Genre Humain*, n.27, p.23-39, 1993.

7 Georges Didi-Huberman, *Devant le temps: histoire de l'art et anachronisme des images*, Paris: Minuit, 2000, p.11-22.

tarefa do historiador. Tudo isso torna mais difícil evitar o anacronismo em todos os sentidos, e não apenas o anacronismo psicológico.

H. M.: *Sempre me impressiona, em seus livros, o extremo cuidado com que você trata as palavras de época. Esse cuidado com os termos antigos lembra quanto a linguagem une as mulheres e os homens à sua época. O que também acaba revelando o parentesco da tarefa do historiador com a do tradutor. Como se tornar, como você, essa espécie de passador capaz de transportar seus leitores de um mundo para outro?*

A. C.: É evidente que o estudo da língua praticada pelos seres que constituem o objeto da pesquisa é um pré-requisito indispensável para qualquer estudo histórico que se pretenda compreensivo; e isso é dificultado pela superposição de inércias que evoquei anteriormente.

A título de exemplo, no Limousin, quase meio século após a sua supressão, muitos indivíduos continuavam a falar de "talha" para designar as "contribuições", ou melhor, os impostos. Os significados e a intensidade das palavras mudam continuamente. Em 1953, no ônibus que estava me levando para a universidade de Caen, escutei o diálogo de dois camponeses. O primeiro, dirigindo-se ao companheiro, declarou: "Você viu o Beria? Foi parar no olho da rua". Na verdade, o destino do pobre soviético foi muito pior. O comentário do segundo camponês pertence à história. Resignado, ele diz: "É tudo *partageux*".* Em resumo, ele usou um termo de 1848 para se referir aos dirigentes da Rússia soviética.

---

* Segundo o dicionário *Le Petit Robert*, *partageux* é o indivíduo que defende o compartilhamento, a comunhão ou igualdade dos bens. O termo vem de *partage* (partilha). (N.T.)

Outro exemplo: o termo *paciente*, que hoje usamos para designar o cliente de um médico, não era aplicado nesse sentido em meados do século XIX, segundo o dicionário Bescherelle. O paciente designava, na época, exclusivamente aquele que passava por uma operação ou ia ser guilhotinado.

H. M.: Você lembrava com frequência aos seus doutorandos, entre os quais me incluo, o lema ciceroniano: "O historiador não pode se recusar a ver nada". Daí a sua provação, tão marcante para nós, a privilegiar os "objetos que geram emoções fortes". Você criticava na época os pudores dos historiadores em relação ao corpo paroxístico, quer fosse o do gozo, o da festa, o extático, o possuído, o supliciado ou o cruel...[8] *Você não tem a impressão de que as coisas evoluíram positivamente, mesmo que, segundo você, a historiografia continue a exaltar o valor moral da dor?*

A. C.: Na verdade, Cícero escreveu que o historiador não pode se recusar a ouvir nada, e não ver. Isso denota uma precaução imperiosa. De fato, após uma longa pesquisa, o historiador desenha na sua cabeça um quadro do meio social e dos seres que ele está estudando. Às vezes, comemora cedo demais as suas descobertas; e é grande a tentação de se recusar a ver ou ouvir aquilo que não corresponde aos seus achados. Essa má prática na história me parece cada vez mais difundida.

H. M.: Lendo você, estamos sempre nos conscientizando de que nós, seres humanos, somos antes de tudo seres de limiares. Limiares de prazer e desprazer, limiares de pudor e despudor, limiares do dizível e do indizível, limiares do suportável e do insuportável, limiares do tolerável e do intolerável... Ora, é precisamente na compreensão desses constantes deslocamentos de fronteira que sentimos quanto a história coletiva habita o mais profundo de nós. Não

---

8 Ver em particular Alain Corbin, *Le village des "cannibales"*, Paris: Flammarion, 1995.

História das sensibilidades

existe ninguém semelhante para nos fazer tomar consciência dessa historicidade oculta, dessa história subterrânea, noturna e profunda que está sempre nos distanciando das maneiras de sentir dos nossos antepassados e, mais em geral, dos seus modos de presença no mundo. De onde vem sua atenção particular com essa história lenta e silenciosa?

A. C.: Durante muito tempo, os historiadores se recusaram a ouvir o prazer, as práticas sexuais de toda natureza,[9] preferindo falar, ao contrário, do que estava relacionado ao mal-estar existencial, à dor, a todas as formas de sofrimento. Como se sua respeitabilidade estivesse em jogo. Da minha parte, combati desde muito cedo essa tendência dos historiadores ao dolorismo.

H. M.: Para você, como a história das sensibilidades é indissociável de uma história do imaginário social ou, mais amplamente, dos sistemas de representação?[10]

AC: Fico profundamente tocado com o que você diz sobre isso, no que concerne a mim. Fazer o outro tomar consciência da história subterrânea, noturna e profunda é uma tarefa primordial, embora complique a nossa compreensão do passado. Por sorte, não estou sozinho. Pense só na investigação histórica do imaginário do submundo a que se dedicou Dominique Kalifa.[11]

H. M.: Se observarmos bem, e se examinarmos a longa lista dos seus objetos de pesquisa, você aparece também como precursor no surgimento da

---

9 Id., *L'harmonie des plaisirs: les manières de jouir du siècle des Lumières à l'avènement de la sexologie*, Paris: Perrin, 2007.

10 Id., Le vertige des foisonnements: esquisse panoramique d'une histoire sans nom. *Revue d'Histoire Moderne et Contemporaine*, p.10.326, jan.-mar. 1992.

11 Dominique Kalifa, *Les bas-fonds: histoire d'un imaginaire*, Paris: Seuil, 2013. Ver também Anne-Emmanuelle Demartini e Dominique Kalifa (org.), *Imaginaire et sensibilités au XIXe siècle: études pour Alain Corbin*, Paris: Créaphis, 2006.

história ambiental – o que raramente é creditado a você. *Depois de estudar o desejo de refúgio,*[12] *estudou a água doce e a água salgada, o clima e a sensibilidade meteorológica, a "ternura da árvore" e o "frescor da relva" e, mais recentemente, as maneiras de sentir o vento.*[13] *Para você, a história da cultura sensível é um pré-requisito para a história do meio ambiente? Você buscou conscientemente participar de uma história da consciência e da sensibilidade ecológicas?*

A. C.: De fato, faz muito tempo que me interesso pela história das maneiras de apreciar, sentir, sonhar, trabalhar com o que designamos hoje pelo termo "meio ambiente", seja o vento, as árvores, a relva, a chuva.[14] Esse interesse vem de longe: quando eu era estudante, o grande especialista era Henri Dumont. Nós o líamos. Mais tarde, quando eu estava estudando o Limousin,[15] constatei que os que se preocupavam com o que designamos hoje pelo termo "meio ambiente" eram notáveis conservadores, na maioria das vezes caçadores que se reuniam numa associação chamada A Árvore e a Água. Louis-Michel Nourry defendeu uma tese de HDR* na Universidade Paris I

---

12 Alain Corbin, *Le territoire du vide: l'Occident et le désir du rivage (1750-1840)*, Paris: Aubier, 1988.

13 Ver especialmente Alain Corbin, *L'homme dans le paysage*, Paris: Textuel, 2001.

14 Id., *La rafale et le zéphir*, Paris: Fayard, 2021; *La douceur de l'arbre*, Paris: Flammarion, 2013; *La fraîcheur de l'herbe*, Paris: Fayard, 2018; *La pluie, le soleil et le vent: une histoire du temps qu'il fait*, Paris: Aubier, 2013.

15 Id., *Du Limousin aux cultures sensibles*, em Jean-Pierre Rioux e Jean-François Sirinelli (org.), *Pour une histoire culturelle*, Paris: Seuil, 1997.

* Habilitation à Diriger des Recherches (HDR) é um título universitário que permite orientar pesquisas. Desde 1984, é a titulação de mais alto grau no sistema de ensino francês. (N.T.)

sobre esse ambientalismo dominado pelo que parece, hoje, estar nas mãos dessa categoria.[16] Mas, muito rapidamente, o encontro com grandes figuras norte-americanas de sensibilidade "transcendentalista", na linhagem de Emerson (Henry-David Thoreau, John Muir e, mais tardiamente, Aldo Leopold), revelou uma história fascinante da qual tirei inspiração para os meus últimos livros. Em uma palavra, a história do ambientalismo é complexa e, nesse campo, não passo de um humilde discípulo que sugere a leitura das obras de Catherine e Raphaël Larrère.[17]

---

16 Louis-Michel Nourry, *Le paysage et la politique*, defesa de tese para obtenção da HDR na Universidade Paris I, sob orientação de Alain Corbin.
17 Catherine e Raphaël Larrère, *Du bon usage de la nature: pour une philosophie de l'environnement*, Paris: Flammarion, 2009.

Controvérsias sobre a emoção: neurociências afetivas e história das emoções

Thomas Dodman, Quentin Deluermoz e Hervé Mazurel

O que é emoção? Poucos historiadores tentaram definir esse objeto insondável que atormenta os filósofos há mais de dois milênios.

Na segunda metade do século XIX, uma visão universal e naturalizante da emoção, guiada pela evolução da espécie, começou a se impor. O estudo de Charles Darwin sobre a expressão das emoções nos seres humanos e nos animais (1872) foi decisivo. Analisando atentamente as mínimas contrações faciais, o movimento dos lábios, o franzir dos olhos, o altear das sobrancelhas ou dos ombros, Darwin considerou que a expressão das emoções era o lugar privilegiado para observar a continuidade entre o comportamento dos grandes primatas e o dos seres humanos, recordando que alguns movimentos expressivos do homem deixavam transparecer traços de animalidade, a ponto de se perceber neles uma espécie de emanação do instinto. Embora evite explicar essas emoções pelo processo da seleção natural, o texto darwiniano é ambíguo. A ponto de desencadear, em pleno século XX, um acalorado debate: Darwin sugeriu que a expressão emocional é parte dos mecanismos biológicos universais e espontâneos e, consequentemente, as expressões faciais não são determinadas pela cultura? Ou será que ele não sabia que é impossível desvincular o significado de uma emoção – a emoção na medida em que é sentida, demonstrada e percebida – dos contextos sociais, culturais e históricos no qual ela está inserida?

Enquanto a antropologia cultural, especialmente *via* Margaret Mead, explorava essa segunda vertente, no campo da biologia e da neuropsicologia o livro de Darwin marcou o início de uma vasta tradição empírica que tendia a apresentar as emoções como respostas espontâneas e naturais, estabelecidas pelo organismo. Essa tradição culmina no trabalho de Paul Ekman e outros psicólogos cognitivos sobre as "emoções básicas", facilmente e universalmente reconhecíveis nas expressões faciais. Em 1972, Ekman identificou seis emoções básicas: alegria, tristeza, medo, raiva, surpresa e nojo – considerando todas as outras emoções, a exemplo de Descartes em *As paixões da alma*, uma mescla dessas seis primeiras. O problema é que, depois dele, outros psicólogos e neurocientistas identificaram menos emoções, ou mais, a ponto de ele próprio revisar sua teoria em 1990 e, afinal, repertoriar dezesseis...

Apesar dos protocolos duvidosos (o reconhecimento de emoções "universais" a partir de fotografias, utilizando o método da "escolha forçada") e das conclusões finais no mínimo questionáveis, a teoria das emoções básicas recebeu contribuições de numerosos pesquisadores e impôs-se na vida cotidiana. Pensamos, por exemplo, no uso que a polícia – e o FBI [Federal Bureau of Investigation] após os atentados do World Trade Center – fez das "microexpressões faciais" (que, de certo modo, lembram a célebre "face criminosa" dos frenologistas de antigamente) nas técnicas de interrogatório e detecção de mentiras. Mas, note, também houve usos mais lúdicos, no âmbito da cultura popular, como o filme *Divertida mente*, da Disney.

O fato é que a teoria das emoções básicas dá prioridade à excitação fisiológica (corporal) sobre o processo cognitivo (psíquico); em poucas palavras, e como William James já desconfiava em sua época, nós não choramos porque nos sentimos tristes, mas ficamos tristes porque somos compelidos a chorar. Essa teoria repousa igualmente na noção de "afeto", que foi tematizado pelo psicólogo Silvan Tomkins como um mecanismo de motivação puramente animal, lastreado no sistema nervoso autônomo e, portanto, preexistente às nossas emoções (que, nesse caso, seriam apenas uma manifestação psicossomática). Desde os anos 1990, essa concepção encontrou um poderoso sucedâneo nas neurociências, uma ciência que triunfou como nenhuma outra e revolucionou as ciências cognitivas – e partes inteiras da sociedade, desde o *marketing* até o direito e a educação –, abrindo uma janela para o funcionamento do cérebro (ou, pelo menos, para a atividade neuronal medida pela taxa de oxigenação do sangue). Dispondo de financiamentos robustos, os neurocientistas se lançaram em busca do medo na amígdala, da memória emocional nos marcadores somáticos do córtex pré-frontal ou ainda da capacidade de empatia nos neurônios-espelho do córtex pré-motor, "recabeando" o trajeto (ou a direção) das emoções pelos circuitos neuronais.

Essa noção de emoções universais conectadas a uma rede no nosso cérebro e governadas pela nossa genética não tem serventia para os historiadores do sensível, pois elimina a própria possibilidade de uma historicidade dos afetos. E, no entanto, historiadores de outras correntes voltam-se inquestionavelmente para as neurociências e esboçam uma "neuro-história" que leva em consideração os processos neuroquímicos do nosso cérebro – por exemplo, o efeito estimulante do café ou outras substâncias psicotrópicas consumidas maciçamente a partir de determinada época –, no mínimo iniciando um debate necessário entre as temporalidades históricas e o tempo longuíssimo da biologia. Alguns desses historiadores, aliás, encontraram apoio nos textos de António Damásio, neuropsicólogo mundialmente conhecido. Em *O erro de Descartes* (1994) e, mais tarde, *Em busca de Espinosa* (2003), o autor mostra não apenas que o corpo e o espírito são indissociáveis e estão em permanente inter-relação, como também que razão e emoção não são opostas, como sugere a tradição ocidental. Mais: a emoção é o motor da razão. O famoso caso de Phineas Gage mostra em especial que, na vida cotidiana, as emoções desempenham um papel importante, auxiliando nas tomadas de decisão. Gage sobreviveu a uma barra de metal que lhe atravessou o crânio: ele teve uma lesão na zona do córtex pré-frontal, denominada ventromedial. Sua inteligência se manteve intacta, mas ele perdeu a capacidade de sentir emoções e se tornou incapaz de tomar as mínimas decisões em sua vida cotidiana.

Mas resta um problema sério: neurocientistas e *social scientists* entendem a mesma coisa pelo termo "emoção"? Longe disso. Que se julgue pela distinção extremamente arbitrária que Damásio faz de "emoção" e "sentimento" em *O sentimento de si* (1999): "emoção" seria a reação observável do corpo a uma situação, ao passo que "sentimento" seria a interpretação subjetiva da emoção e de sua causa. Enquanto a emoção (segundo ele, bem mais antiga na história da evolução e compartilhada por toda a vida animal) ajuda a selecionar os comportamentos mais adequados, o sentimento permite aos seres humanos estabelecer relações duradouras de causa e efeito e antecipar uma situação a partir da experiência (ou seja, trata-se de uma fonte de aprimoramento das competências vitais na história da evolução que levam dos organismos unicelulares até nós). Para além do fato de essa distinção entre emoção e sentimento parecer reintroduzir por vias travessas a distinção entre corpo e pensamento, essas definições se colam à realidade sem a menor referência à história e à geografia dessas palavras — a palavra "emoção" só aparece no século XVI e designava a princípio, tanto em inglês como em francês, apenas as emoções populares e coletivas. Foi somente no século XIX, segundo Thomas Dixon, que o termo "emoção" se tornou uma noção da psicologia e emancipou-se da teologia.

Além do mais, os linguistas e muitos antropólogos ainda têm de recordar aos neurocientistas que a linguagem tem a capacidade de condicionar a percepção e a experiência. Sem contar que as palavras que são atribuídas às coisas mudam as próprias coisas. E, aqui, é importante assinalar que as emoções não podem ser confundidas com simples automatismos desencadeados por uma reação ao mundo exterior. As emoções são contagiantes e de natureza profundamente social; elas criam continuamente uma comunidade. Como destacou David Le Breton, elas são espontâneas, mas também ritualmente organizadas e, acima de tudo, endereçadas aos outros — às vezes, sendo simuladas. Por isso, para Marcel Mauss, são "essencialmente uma simbólica". Ou, como diz Clifford Geertz, são "artefatos culturais". Pois, no ser humano, as emoções são carregadas de sentido e organizadas pela cultura. Por isso, para afirmar a naturalidade e a universalidade das emoções, é inútil querer buscar uma espécie de núcleo arcaico de emoções não contaminadas pela cultura ou pelo social.

Como explica o filósofo Pierre-Henri Castel, talvez haja também muita ingenuidade na maneira como os neurocientistas, às vezes autoconfiantes demais, recortam as funções mentais e afetivas. Muitos agem como se soubéssemos muito bem identificar o que é uma emoção, apalpando o trajeto dos nossos acidentes mentais – o que não é o caso. É realmente *evidente* que o que mostram a neuroimagem ou as experiências neuropsicológicas "corresponde" ao que todo mundo sabe desde sempre que está relacionado à raiva, à felicidade, à inveja, à vergonha etc.? Isso não seria cair na arapuca do senso comum, pretextando a "evidência íntima" e deixando-se seduzir pelas cartografias do cérebro? O fato é que as neurociências, excluindo a historicidade da linguagem que exprime as emoções, mutilam consideravelmente a complexidade desse objeto.

Em relação ao reducionismo, consideremos um instante aqueles protocolos de laboratório ligados ao desenvolvimento exponencial das neurociências e das ciências cognitivas no campo das emoções. Como observa Georges Didi-Huberman, "um dos senões mais frequentes do método experimental é ele próprio se fascinar – de uma forma que poderíamos chamar de fetichista – por sua própria capacidade de reproduzir os fenômenos".[1] O problema é que essa reprodução não tem escolha senão simplificar o real para reproduzi-lo e, assim, *controlá-lo*. Se nossas emoções não existem em si, mas sempre relacionadas com o outro, não é estranho e enganador estudar

---

[1] Georges Didi-Huberman, Histoire et sensibilité: trois généalogies, em Quentin Deluermoz et al. (org.), *Sensibilités: Histoire, Critique et Sciences Sociales*, Insensibilités, n.11, p. 142-149, dez. 2022.

prioritariamente essas emoções em laboratório, isolando os sujeitos das inúmeras interações sociais nas quais eles se movem cotidianamente? E, diante das diversas dificuldades de "fazer ciência" com as emoções, o dispositivo laboratorial está constantemente construindo, como assinala Vinciane Despret, as condições nas quais a emoção se realiza como passividade. Porque a emoção precisa ser "reação" (em contraste com a razão ativa) para que seja possível construir em laboratório, a partir de um corpo que reage e é incapaz de mentir, um universal comum suficientemente confiável e robusto aquém das culturas. Salvo que, ao proceder desse modo para obter respostas previsíveis e controlar melhor a imprevisibilidade e a incontrolabilidade das emoções, a plasticidade e a ambivalência das emoções em questão são consideravelmente empobrecidas.

É como se essa ciência experimental, ao produzir emoções estandardizadas a partir de protocolos, tivesse o propósito secreto de fazer os afetos pararem de nos desobedecer, pararem de escapulir dos imperativos da ciência ou resistir à epistemologia do verdadeiro e do falso. Ora, vendo apenas passividade ou reação na emoção, a ciência cega a si mesma, com toda a certeza. Porque a emoção é também movimento, ação, rebelião. É algo que nos conduz para fora de nós mesmos. Henri Bergson via a emoção como um gesto ativo que nos torna vulneráveis ao mundo. Maurice Merleau-Ponty considerava que o evento afetivo da emoção é uma abertura efetiva para ele. Nem um nem outro consideravam a emoção, como costuma acontecer, um impasse do pensamento, da linguagem ou da ação.

Mas talvez seja sobretudo na antropologia e não na filosofia que se deva buscar uma concepção da vida afetiva propícia à análise histórica. Opondo-se à teoria das emoções básicas, os antropólogos mostram pelo estudo etnográfico a variedade e a especificidade das "práticas emocionais" (Monique Scheer) de mulheres e homens em todo o mundo. E, aqui, há de que se admirar: quando descobrimos, por exemplo, que os esquimós uktu não conhecem a raiva, que os ifaluks da Micronésia ensinam seus filhos a ter medo, que os taitianos não têm uma palavra para designar a tristeza... Pioneira no campo da antropologia das emoções, Michelle Z. Rosaldo não negava que as emoções tivessem um caráter fisiológico, mas considerava muito mais decisivo seu componente interpretativo, ou seja, adquirido. Não há nada mais essencial, em sua opinião, do que o léxico das emoções à disposição dos indivíduos em uma cultura, pois é ele que determina até as mais íntimas experiências emocionais. Daí surgiu, em sua pesquisa etnográfica sobre o povo ilongote, o extremo interesse pela palavra *liget*, um termo que designa, nas Filipinas, uma mistura de energia, raiva, ardor e inveja. Para esse povo das montanhas, essencialmente formado por caçadores e agricultores itinerantes, trata-se de uma emoção muito positiva, altamente estimada. Aliás, é em torno dela que se organiza a famosa caça às cabeças dos ilongotes, um verdadeiro rito de passagem para a idade adulta.

No apogeu do *linguistic turn*, alguns etnógrafos chegaram a afirmar que toda emoção seria *in fine* apenas uma construção discursiva. Como resume Catherine Lutz, a emoção não seria pré-cultural, mas sim "preeminentemente cultural". Para Lila Abu-Lughod, as emoções são construções locais e, sobretudo, efeito de um discurso normativo e de gênero. Os sociólogos, por sua vez, caminhando nas pegadas da construção social das emoções, desenredaram os fios sensíveis das relações de poder nas sociedades contemporâneas e trouxeram à tona o "trabalho emocional" das aeromoças (Arlie Hochschild), a mercantilização dos afetos (Eva Illouz) ou ainda as paixões que alimentam movimentos políticos e formas de ação coletiva (e são influenciadas por eles). Para todos esses pesquisadores das ciências sociais, é óbvio que a nossa vida sensível não pode se reduzir à fisiologia e a uma natureza humana imutável; ela só existe pelo jogo das relações sociais em um contexto histórico preciso.

É compreensível que o fosso que separa essas leituras universalistas e construtivistas das nossas vidas afetivas pareça mesmo intransponível, e coube ao historiador das emoções William Reddy tentar construir uma ponte sobre o abismo em *The Navigation of Feeling* (2001). Esse fosso é, antes de tudo, um sintoma revelador do cisma entre nossas "duas culturas" (C. P. Snow), a científica e a humanista, que não ouvem uma à outra. É como se, *in fine*, não conseguíssemos ultrapassar as grandes divisões (razão/emoção, natureza/cultura, sociedade/indivíduo etc.) que estruturam o pensamento ocidental desde a Antiguidade e que certo número de historiadores(as) reproduziu — às vezes sem saber —, ao relegar a vida afetiva ao intato, ao primitivo, a um além da história.

Mas há também muitas vozes dissidentes para questionar essas divisões e derrubar essas clivagens disciplinares. Nos anos 1970, o crítico literário marxista Raymond Williams sugeriu a noção de "estruturas do sentimento" (*structures of feeling*) para tentar compreender "não o sentimento contra a razão, mas o pensamento tal como é sentido e o sentimento tal como é pensado".[2] Da mesma forma, Norbert Elias pôs os afetos no

---

2 Raymond Williams, *Marxism and Literature*, Oxford: Oxford University Press, 1977, p.132.

centro de uma sociologia resolutamente unitária e processual do ser humano, na qual a biologia predispõe ao aprendizado social. Sugerindo abandonarmos o hábito de "falar da natureza e da cultura, ou da natureza e da sociedade, como se existissem em mundos diferentes",[3] Elias quis nos mostrar que natureza e cultura, longe de se opor, misturam-se no entrelaçar dos processos *biológicos* de amadurecimento e *socioculturais* de civilização. O homem é, por natureza, equipado para regular suas emoções: "É em virtude de um processo natural que os seres humanos são predispostos a adquirir uma linguagem social ou desenvolver um esquema regulador pulsional".[4] Situando-se nos confins da biologia, da sociologia e da psicologia, Elias mostra que a função principal das emoções é regular as relações sociais para facilitar a aprendizagem sem a qual a "natureza humana" não pode se realizar plenamente.

Se, para Elias, o biológico implica o cultural, o mesmo vale para o epigenético, ciência ainda em formação que estuda todos os fatores — biológicos e ambientais, incluindo culturais e psíquicos — capazes de modificar a expressão dos genes sem alterar a sequência nucleotídica do DNA. Essas modificações seriam reversíveis e transmissíveis de uma geração para outra, como parecem demonstrar os estudos sobre os efeitos intergeracionais da desnutrição e do trauma. Mas encontramos essa mesma ambição de definir e demarcar o "devir biossocial" nos

---

3 Norbert Elias, Les êtres humains et leurs émotions: essai de sociologie processuelle, *Sensibilités: Histoire, Critique et Sciences Sociales*, Controverses sur l'émotion: neurosciences et sciences humaines, n.5, número especial, p.12-36, 2018.

4 Ibid.

defensores da plasticidade cerebral, que é a capacidade do cérebro de se renovar em estreita relação com o ambiente exterior. Fundamental para a neurobiologia atual, pois está na base dos mecanismos da memória e da aprendizagem, a plasticidade da rede neuronal tem permitido que os estudiosos não só abandonem uma visão preestabelecida do sistema nervoso, mas também deem ênfase às marcas deixadas pela experiência, elas mesmas associadas a certos estados somáticos. Por meio dos mecanismos da plasticidade cerebral, as marcas inscrevem-se, associam-se, modificam-se e desaparecem ao longo da vida do indivíduo, remoldando-se continuamente em função das experiências vividas por ele. O que também faz, sinalizam François Ansermet e Pierre Magistretti, que cada sujeito seja singular e cada cérebro seja único.

Essa atenção dada ao "devir biossocial" do sujeito também está muito presente na teoria das emoções construídas que psicólogos e neurocientistas céticos das orientações deterministas de suas disciplinas defendem desde os anos 2000. Contrariamente aos seus pares, mas também fundamentando-se em procedimento e saberes experimentais, eles consideram que há uma "coconstrução" (Lisa Feldman-Barrett) das emoções da qual participam em partes iguais o aporte biológico e o contexto social. Ao universal anistórico das emoções básicas ou das pulsões do chamado cérebro "reptiliano", eles opõem um cérebro "bricolador" e preditivo ("bayesiano", a partir do teorema de Bayes, formulado no século XVIII por um pastor inglês) em permanente interação sensorial com o mundo exterior e com o corpo, por intermédio da "interocepção". Essa capacidade de avaliar o nosso estado interno é fundamentalmente social, na medida em que responde pelas operações cognitivas e pelo conhecimento de uma linguagem adequada. Logo após o nosso nascimento, ocorreria uma espécie de "formatação" cultural da nossa biologia que faria dos nossos afetos o resultado de um esforço constante de decodificação de novas inferências sensoriais a partir das experiências adquiridas, com o intuito precisamente de sincronizar uma à outra.

Esses estudos, no entanto, com frequência seguem orientações e considerações diferentes do que denominamos "social". Mas não podemos nos esquecer de que muito frequentemente as neurociências são também, como bem mostrou Alain Ehrenberg em *La mécanique des passions*, a câmara de eco dos nossos ideais de autonomia. Para além de seus resultados, elas são mensageiras de certo ideal social: "o de um indivíduo capaz de converter suas desvantagens em vantagens, explorando seu 'potencial oculto'".[5] De tanto insistir na plasticidade do cérebro — a qual alimenta o imaginário contemporâneo do desenvolvimento pessoal, do alto desempenho, da autorreconfiguração —, é grande o risco de que toda uma série de relações de força instituídas seja dessocializada.

Mas ainda restam algumas pontes. Pois, devemos confessar, é difícil não se impressionar com o poderoso eco potencial entre a perspectiva psicológica construtivista das emoções "situadas" (especialmente a de Lisa Feldman-Barrett) e a teoria do *habitus* e seu disposicionalismo sociológico — a noção de *habitus*, bem conhecida dos *social scientists*, designando aqui o "social incorporado" ou a "história tornada corpo" (Pierre Bourdieu). Desponta aqui um espaço de reflexão dos mais

---

5 Alain Ehrenberg, *La mécanique des passions: cerveau, comportement, société*, Paris: Odile Jacob, 2018, p.15.

úteis. Porque, se o objetivo é louvável (opor um rechaço vigoroso das posições naturalistas que biologizam e desistoricizam a nossa vida sensível e emocional, fazendo pouco dos contextos em que ela se exprime e das significações que ela adquire ali), os sociólogos e os historiadores das emoções têm de fato uma tendência excessiva a separar as manifestações da nossa vida emocional das propriedades antropológicas ligadas ao nosso suporte biológico. Ora, munidos dos conhecimentos evocados anteriormente, é importante não ignorarmos que as experiências sociais se gravam no nosso cérebro e as interações sociais têm poderosos efeitos sobre o organismo humano. Por meio da socialização, o social se institui, especialmente sob a forma de afetos, no indivíduo biológico. De modo que o *habitus* deve muito também, como lembra Pierre Bourdieu, "à lógica específica do funcionamento do organismo". Bernard Lahire, de sua parte, apresenta a noção de "cérebro disposto": "A imaturidade biológica da criança, característica da espécie humana, é o que torna a interação social e, ao mesmo tempo, os processos de socialização necessários".[6]

Desse ponto de vista, é compreensível a urgente necessidade de entendermos melhor o entrelaçamento constante do biológico com o social-histórico na nossa vida emocional. Assim, se é imperativamente necessário lutar contra a naturalização ingênua das emoções e o reducionismo de muitos psicólogos cognitivos, se compreenderá que o(a) historiador(a) do sensível pode fazer um uso heurístico tanto da noção de "cérebro disposto" quanto daquela de "*habitus* emocional" e assim abrir

---

6 Bernard Lahire, *Dans les plis singuliers du social: individus, institutions, socialisations*, Paris: La Découverte, 2013, p.133-151.

campos de pesquisa fecundos, que vão além dos quadros de pesquisa habituais.

Porque o cérebro das emoções se modifica por efeito do ambiente social, ele é também, e por essa mesma razão, *impregnado de história coletiva*.

Referências bibliográficas

ABU-LUGHOD, Lila; LUTZ, Catherine A. (org.). *Language and the Politics of Emotions*. Cambridge: Cambridge University Press, 1990.

FELDMAN-BARRETT, Lisa; RUSSEL, James A. (org.). *The Psychological Construction of Emotion*. New York: Guilford, 2014.

CASTEL, Pierre-Henri. *L'esprit malade*: cerveaux, folies, individus. Paris: Ithaque, 2009.

DAMÁSIO, António. *L'erreur de Descartes*: la raison des émotions. Paris: Odile Jacob, 2006.

DESPREST, Vinciane. *Ces émotions qui nous fabriquent*: éthnopsychologie de l'authenticité. Paris: Les Empêcheurs de Tourner en Rond, 2001.

DELUERMOZ, Quentin; DODMAN, Thomas; MAZUREL, Hervé (org.). *Sensibilités: Histoire, Critique et Sciences Sociales*, Controverses sur l'émotion: neurosciences et sciences humaines, n.5, número especial, 2018.

EHRENBERG, Alain. *La mécanique des passions*: cerveau, comportement, société. Paris: Odile Jacob, 2018.

ELIAS, Norbert. Les êtres humains et leurs émotions: essai de sociologie processuelle. *Sensibilités: Histoire, Critique et Sciences Sociales*, Controverses sur l'émotion: neurosciences et sciences humaines, n.5, número especial, p.12-36, 2018.

LE BRETON, David. *Les passions ordinaires*: anthropologie des émotions. Paris: Armand Colin, 1998.

PLAMPER, Jan. *The History of Emotions*: An Introduction. Oxford: Oxford University Press, 2015.

REDDY, William M. *The Navigation of Feeling*: A Framework for The History of Emotions. Cambridge: Cambridge University Press, 2001.

Bibliografia selecionada

AMBROISE-RENDU, Anne-Claude et al. (org.). *Émotions contemporaines*. Paris: Armand Colin, 2014. [Um colóquio marcante.]

ARIÈS, Philippe; DUBY, Georges (org.). *Histoire de la vie privée*. Paris: Seuil, 1985-1987. 5v. [Inigualável. Sobre as metamorfoses do sujeito, do íntimo e da vida familiar desde a Antiguidade até os dias de hoje.]

BOQUET, Damien; NAGY, Piroska. *Sensible Moyen Âge*: une histoire des émotions dans l'Occident médiéval. Paris: Seuil, 2015. [Sobre o que é possível saber da vida afetiva na Idade Média. Indispensável.]

CORBIN, Alain. *Le miasme et la jonquille*: l'odorat et l'imaginaire social (XVIIIe-XIXe siècles). Paris: Flammarion, 1986. [Um estudo pioneiro sobre os limites da tolerância olfativa e as representações induzidas do mundo social.]

_____. *Le territoire du vide*: l'Occident et le désir du rivage (1750-1840). Paris: Aubier, 1988. [Uma obra esplêndida sobre a descoberta dos prazeres físicos ligados ao mar.]

_____; COURTINE, Jean-Jacques; VIGARELLO, Georges (org.). *Histoire des émotions*. Paris: Seuil, 2017. [Uma síntese em três volumes que reúne grandes especialistas da história das emoções desde a Antiguidade até os dias de hoje.]

DELUERMOZ, Quentin et al. Écrire l'histoire des émotions: de l'objet à la catégorie d'analyse. *RH19*, n. 47, 2013. [Sobre o estado atual do campo historiográfico.]

DODMAN, Thomas. *What Nostalgia Was*: War, Empire and Time of a Deadly Emotion. Chicago: Chicago University Press, 2018. [Sobre um tempo em que as pessoas morriam de nostalgia.]

DIDI-HUBERMAN, Georges. *Peuples en larmes, peuples en armes*. Paris: Minuit, 2016. [Um estudo magistral sobre a emoção contagiante, política e atuante na história.]

ELIAS, Norbert. *Über den Prozess der Zivilisation*. Frankfurt am Main: Surkhamp, 2010 [1939]. [*Opus magnum* de Elias. Um livro de referência sobre a civilização dos costumes e a história do *self-control*.] [Ed. bras.: *O processo civilizador*. Rio de Janeiro: Zahar, 1990.]

FARGE, Arlette. *La vie fragile*: violence, pouvoirs et solidarités à Paris au XVIIIe siècle. Paris: Seuil, 1992. [Um livro estupendo sobre as paixões e as tragédias, íntimas e coletivas, do povo de Paris.]

FEBVRE, Lucien. La sensibilité et l'histoire: comment reconstituer la vie affective d'autrefois? In: *Combats pour l'histoire*. Paris: Armand Colin, 1952 [Artigo fundador.]

GAY, Peter. *The Bourgeois Experience*: Education of the Senses. New York: Oxford University Press, 1984. [Uma espécie de psicanálise histórica da cultura burguesa no século XIX.]

GRANGER, Christophe. *La saison des apparences*: naissance des corps d'été. Paris: Anamosa, 2017. [Sobre o surgimento de uma variação sazonal das maneiras de ser no próprio corpo.]

_____. Le monde comme perception. *Vingtième Siècle: Revue d'Histoire*, n.123, 2014. [Um artigo panorâmico estupendo, cheio de pistas e perspectivas.]

KALIFA, Dominique. *Paris*: une histoire érotique d'Offenbach aux Sixties. Paris: Payot, 2018. [Como Paris se tornou a capital do amor, a cidade mais sensual do mundo?]

KEITH, Thomas. *Dans le jardin de la nature*: la mutation des sensibilités en Angleterre à l'époque moderne (1500-1800). Paris: Gallimard,

1995. [Exemplo de uma transformação lenta e profunda dos laços afetivos com as plantas, as árvores e os animais domésticos.]

MANDROU, Robert. *Introduction à la France moderne (1500-1640)*: essai de psychologie historique. Paris: Albin Michel, 1998. [Um marcador importante da história do sensível.]

MAZUREL, Hervé. *L'inconscient ou l'oubli de l'histoire*: profondeurs, métamorphoses et révolutions de la vie affective. Paris: La Découverte, 2021. [Melhor relação da psique com o social-histórico, apontando as transformações silenciosas da afetividade.]

MONSACRÉ, Hélène. *Les larmes d'Achille*. Paris: Le Félin, 2010. [Aceitas e até valorizadas na epopeia homérica, as lágrimas masculinas foram proscritas na época da tragédia clássica.]

PASTOUREAU, Michel. *Bleu*: histoire d'une couleur. Paris: Seuil, 2000. [Sobre a ausência de verdade transcultural e trans-histórica na cor.]

PLAMPER, Jan. *The History of Emotions*: An Introduction. Oxford: Oxford University Press, 2015. [Uma síntese preciosa. Sobre a variedade das abordagens anglo-saxãs, em especial.]

REDDY, William M. *The Navigation of Feeling*: A Framework for the History of Emotions. Cambridge: Cambridge University Press, 2001. [Um estudo crítico da psicologia e da antropologia das emoções e o desenvolvimento de uma abordagem histórica original das emoções.]

SENSIBILITÉS: *Histoire, Critique et Sciences Sociales*. Paris: Anamosa, 2016-2023. 12v. [Revista de ciências sociais dedicada à investigação das forças sensíveis da vida social.]

ROSENWEIN, Barbara H. *Emotionnal Communities in the Early Middle Ages*. Ithaca: Cornell University Press, 2006. [Sobre o interesse de uma abordagem em termos de "comunidades emocionais".]

SAUGET, Stéphanie. *À la recherche des pas perdus*: une histoire des gares parisiennes. Paris: Tallandier, 2009. [Sobre os novos usos do tempo e as maneiras de ver, ouvir e sentir inventadas nas grandes estações de trem no século XIX.]

SCHMITT, Jean-Claude. *Les rythmes au Moyen Âge*. Paris: Gallimard, 2001. [Uma investigação monumental sobre o ritmo social e os modos de ser no Ocidente medieval.]

VENAYRE, Sylvain. *La gloire de l'aventure*: genèse d'une mystique moderne (1850-1940). Paris: Aubier, 2002. [Sobre a atração dos lugares remotos e a ascensão do sentimento de aventura na virada do século XX.]

VIDAL-NAQUET, Clémentine. *Couples dans la Grande Guerre*: le tragique et l'ordinaire du lien conjugal. Paris: Les Belles Lettres, 2014 [O amor sendo emboscado até mesmo no silêncio das cartas trocadas em tempos de guerra.]

VIGARELLO, Georges. *Le sentiment de soi*: histoire de la perception du corps. Paris: Seuil, 2014. [Um olhar inédito sobre a história pouco conhecida das percepções internas do corpo.]

VINCENT-BUFFAULT, Anne. *Histoire des larmes* (XVIIIe-XIXe *siècles*). Marseille: Rivages, 1986. [Uma rica contribuição à história dos sinais corporais e dos gestos emotivos.]

WARBURG, Aby. *L'atlas mnemosyne*. Paris: L'Écarquillé, 2012. [Livro icônico e inacabado sobre as fórmulas de *páthos* e os vestígios, esse inconsciente do tempo.]

Os(as) autores(as)

Damien BOQUET é professor de história medieval na Universidade de Aix-Marseille e membro do laboratório de pesquisa TelemMe (UMR 7303 AMU-CNRS). Especialista em história religiosa e intelectual, coordena o programa de pesquisa Les Émotions au Moyen Âge (Emma), com Piroska Nagy. Eles escreveram em coautoria *Sensible Moyen Âge: une histoire des émotions dans l'Occident médiéval* (Seuil, 2015). Bosquet lançou *Sainte vergogne: les privilèges de la honte dans l'hagiographie féminine au XIIIe siècle* (Classiques Garnier, 2020) e organizou com Piroska Nagy e Lidia Zanetti Domingues *Histoires des émotions: épistémologie, émergences, expériences* (Classiques Garnier, 2022). Trabalha atualmente em uma história da homossexualidade amorosa na Idade Média.

Alain CORBIN, historiador de renome mundial, é professor emérito da Universidade Paris I Panthéon-Sorbonne. Eminente especialista do século XIX, é pioneiro no campo da história do corpo, das sensibilidades e das representações. Autor de cerca de trinta livros, publicou notadamente: *Le miasme et la jonquille: l'odorat et l'imaginaire social (XVIIIe-XIXe*

siècles) (Flammarion, 1982); *Le territoire du vide: l'Occident et le désir du rivage (1750-1840)* (Aubier, 1986); *Le village des "cannibales"* (Flammarion, 1990); *Les cloches de la terre: paysage sonore et culture sensible dans les campagnes au XIXe siècle* (Albin Michel, 1994); *A harmonia dos prazeres: a história do prazer desde o Iluminismo até o surgimento da sexologia* (Vozes, 2024).

Quentin DELUERMOZ é professor de história contemporânea na Universidade de Paris. Pesquisa a história social, sensível e antropológica das ordens e desordens do século XIX (França, Europa, impérios), bem como a epistemologia das ciências sociais. É autor em especial de: *Commune(s) (1870-1871): une traversée des mondes au XIXe siècle* (Seuil, 2020); e, com Pierre Singaravélou, *Pour une histoire des possibles: approches contrefactuelles et futurs non advenus* (Seuil, 2016); *Policiers dans la ville: la construction d'un ordre public à Paris (1854-1914)* (Éditions de la Sorbonne, 2012); e organizou o livro *Norbert Elias* (Tempus, 2012). É também cofundador e membro do comitê de redação da revista *Sensibilités: Histoire, Critique et Sciences Sociales*.

Thomas DODMAN é professor-doutor na Columbia University, em Nova York, onde coordena o programa History and Literature (HiLi). Historiador especializado no longo século XIX, pesquisa, entre outros temas, a história das sensibilidades, das experiências de combate e do imperialismo. É autor de *What Nostalgia Was: War, Empire and the Time of a Deadly Emotion* (Chicago University Press, 2018), cuja tradução em francês saiu pela Seuil com o título *Nostalgie: histoire d'une émotion mortelle*. Também organizou *Une histoire de la guerre (XIXe-XXIe siècle)* (Seuil, 2018) e coedita a revista *Sensibilités: Histoire, Critique et Sciences Sociales*.

Hervé MAZUREL é professor-doutor na Universidade de Borgonha. Especialista na Europa romântica, historiador dos afetos e do imaginário, publicou em especial *Vertiges de la guerre: Byron, les philhellènes et le mirage grec* (Les Belles Lettres, 2013), *Kaspar l'obscur ou l'enfant de la nuit* (La Découverte, 2020) e *L'inconscient ou l'oubli de l'histoire: profondeurs, métamorphoses et révolutions de la vie affective* (La Découverte, 2021). Participa de vários projetos coletivos e coedita a revista *Sensibilités: Histoire, Critique et Sciences Sociales* e o coletivo Le Laboratoire du Temps qui Passe, voltado para a redinamização do diálogo entre as ciências sociais e as disciplinas da psique.

Sarah REY é professora-doutora de história romana na Universidade de Valenciennes. Após o doutorado dedicado a questões historiográficas, interessou-se pelos cultos romanos e pela história das sensibilidades. Em seu livro *Les larmes de Rome: le pouvoir de pleurer dans l'Antiquité* (Anamosa, 2017), buscou reconstituir o alcance social do pranto romano em diversos contextos (guerras, processos, ritos religiosos, luto) até a Antiguidade tardia, quando os cristãos modificaram esses modos de aflição.

Anouchka VASAK é professora-doutora de literatura francesa, co-organizadora da coleção MétéoS, da editora Hermann, e coordenadora da disciplina Perception du Climat na École Normale Supérieure. O objeto de seu trabalho é a meteorologia e o clima, especialmente as nuvens e os fenômenos meteorológicos, no cruzamento da literatura com a história das ciências e a história da arte. É autora de *Météorologies: discours sur le ciel et le climat, des Lumières au romantisme* (Champion, 2007) e de dois livros de história do clima em coautoria com Emmanuel Le Roy Ladurie. Participou de obras organizadas por Alain Corbin, como *La pluie, le soleil et le vent: une histoire de la sensibilité au temps qu'il fait* (Flammarion, 2013). Também publicou *1797: pour une histoire météore* (Anamosa, 2022).

Clémentine VIDAL-NAQUET é professora-doutora na Universidade Jules Verne, na Picardia, e membro júnior do Instituto Universitário da França. Pesquisa a Primeira Guerra Mundial, a história do íntimo e das sensibilidades. É autora de *Couples dans la Grande Guerre: le tragique et l'ordinaire du lien conjugal* (Les Belles Lettres, 2014) e *Correspondances conjugales (1914-1918): dans l'intimité de la Grande Guerre* (Robert Laffont, 2014). Coedita a revista *Sensibilités: Histoire, Critique et Sciences Sociales*.

SOBRE O LIVRO

Formato: 13,7 x 21 cm
Mancha: 23 x 44 paicas
Tipologia: Venetian 301 12,5/16
Papel: Off-white 80 g/m² (miolo)
Cartão Triplex 250 g/m² (capa)

1ª edição Editora Unesp: 2024

EQUIPE DE REALIZAÇÃO

Edição de texto
Jorge Pereira Filho (Copidesque)
Maísa Kawata (Revisão)

Capa
Marcelo Girard

Imagem de capa
Georges de La Tour, *A trapaça com o ás de paus*,
1630-1634 (detalhe)

Editoração eletrônica
Eduardo Seiji Seki

Assistente de produção
Erick Abreu

Assistência editorial
Alberto Bononi
Gabriel Joppert

Rua Xavier Curado, 388 • Ipiranga - SP • 04210 100
Tel.: (11) 2063 7000 • Fax: (11) 2061 8709
rettec@rettec.com.br • www.rettec.com.br